Der Himmel ruft!

Gemäß den Dekreten unter Papst Urban VIII. erklären wir hiermit, in keinster Weise dem Urteil der hlg. kath.-Kirche über die Authentizität der Ereignisse in Marpingen vorgreifen zu wollen. Aufgrund unserer persönlichen Überzeugung soll hier über die Erscheinungen und Botschaften informiert werden, wobei wir uns dem Urteil der (Mutter) Kirche unterstellen, sobald es gefällt ist. Es bleibt bis dahin jedem selbst sein persönliches Urteil.

In diesem Buch sind alle Botschaften, für diese Zeit, die uns 1999 in Marpingen geschenkt wurden, enthalten. Begebenheiten am Rande der Ereignisse von Marpingen sind in diesem Buch nicht zu finden.

Frank Möller

Der Himmel ruft!

Wer hätte es geahnt,
dass sich mitten über Deutschland
der Himmel öffnet und zu uns spricht?

Erscheinungen und Botschaften
An der Schwelle zum dritten Jahrtausend
in Marpingen

1. Auflage 7/2001

ISBN 3-907525-55-8

Vertrieb:
PARVIS-VERLAG
CH-1648 HAUTEVILLE/SCHWEIZ

Internet: http://www.parvis.ch
E-mail: book@parvis.ch
Fax: 0041-(0)2691/59399
Tel: 0041-(0)2691/59393

Druck: Digitaldruck Rhein-Neckar GmbH

Inhaltsverzeichnis

Einleitung

Marpingen 1999: Drei junge Frauen, Marion Guttmann, 30 Jahre, verheiratet; Christine Ney-Nidercorn, 24 Jahre, verheiratet und Judith Hiber, 35 Jahre, ledig, haben Erscheinungen und übermitteln Botschaften.

Marpingen? Das liegt in der Nähe von Saarbrücken und gehört zur Diozöse Trier. Bereits 1876-77 fanden hier Erscheinungen statt und wurden Botschaften gegeben.

Die drei Frauen? Sie kannten sich seit etwa einem Jahr (und waren miteinander befreundet). Marion und Christine hatten bereits Erscheinungen bevor sie sich kennenlernten und dieses voneinander wussten. Nach Marpingen sind die drei vom Himmel geführt worden. Sie wussten noch nicht, was sie dort erwartet.

Die gemeinsamen erlebten Erscheinungen und Botschaften kamen für sie völlig überraschend. Die Gesamtzahl der Erscheinungstage in Marpingen, insgesamt dreizehn, wurde ihnen anfangs angekündigt, wobei ihnen immer nur der nächst folgende Erscheinungstag im voraus genannt wurde.
So bestand für viele Menschen die Möglichkeit dabei zu sein (am 17.10.99 ca. 43000). Sie wurden Zeugen der Ereignisse und können heute vielfach ihre Erfahrungen, Eindrücke und manche auch ihre eigenen Erlebnisse weitergeben.

Warum Botschaften?

Botschaften weisen dem Menschen den Weg und führen ihn zu seinen Zielen, wenn er sie annimmt (oft für ihn selber unbewusst). Es sind die Ziele, die er sich selber ausgesucht hat. Gott hat für ihn ein Ziel (ein Hauptziel), Er selber ist es, das zeitliche und ewige Leben mit und in Ihm. Gott schenkt dem Menschen immer wieder Wegweiser (z.B. in Form von Botschaften) zu Ihm. Er der die Quelle echten Glücks ist. Es bleibt jedoch stets der Freiheit des Menschen überlassen, diese

anzunehmen und zu befolgen.
An zwei kurzen Beispielen können wir erkennen, was die Annahme und die Befolgung einer Botschaft des Himmels bewirkt:
Das Erlösungswerk der Menschheit hat seinen Lauf durch eine einzige Botschaft genommen. Gabriel, der Engel des Herrn, war hier der Botschafter. Man kann sagen, es handelte sich um eine Privatbotschaft Gottes an einen einzigen Menschen, der sie überdachte, annahm und dann beantwortete. Maria hat dieser Botschaft geglaubt und Ihr weiteres Leben nach dieser ausgerichtet, ja sogar abhängig von ihr gemacht.
Ninive (im alten Bund) nahm die Botschaft Gottes, die Er durch einen kleinen, unbedeutsamen Mann verkündete, sehr ernst, sah seine Verirrung ein und folgte Gott. So fand diese große Stadt Wohlgefallen bei Gott und Wohlergehen für sich und alle ihre Bewohner.

Neben Seiner großen Offenbarung (der Heiligen Schrift), offenbarte und offenbart sich Gott auf vielfältige Art und Weise. Oft sendet Er diese Offenbarungen und Botschaften durch die Natur, doch am häufigsten durch Seinen Geist, indem Er durch unzählige Männer und Frauen Seine Macht zeigt. Ebenso offenbart Er Sich im neuen Bund, dem Erlösungswerk Jesu, durch Ihn selbst und durch Seine Mutter Maria, die Er als Mittlerin,

Fürsprecherin und Mutter der Menschen bestimmt hat.

Besonders dann, wenn der Mensch auf Irr- oder Abwege geraten ist, wird ersichtlich, wie sehr sich Gott um das Heil des Menschen bemüht. Als lebendiger Gott hat Er den Menschen nie verlassen und versucht ihn zu Sich zu ziehen.

Vielfach glaubt man heute, dass das Evangelium ein Märchen oder zumindest nicht mehr zeitgerecht sei. Ein Leben nach dem Tode scheint für viele nur noch ein Fantasiegebilde zu sein. Beeinflusst durch die Gegenangebote und Botschaften der Welt, scheint der Glaube an den einen persönlichen (Dreieinigen) Gott, den Gott aller Völker und jedes Menschen, das durch Jesus Christus vollbrachte Heilswerk, als veraltet oder überflüssig. Auch von gläubigen Menschen hört man oft die Forderung, dass das von Jesus in der Kirche fortgeführte Heilswerk sich der Zeit und der Welt anpassen müsste. Der Auftrag der Kirche ist größtenteils in Vergessenheit geraten. Genauso offensichtlich jedoch sind die Menschen voll Leid und Kummer, Hoffnungslosigkeit und Bedrängnissen.
Deshalb öffnete sich uns in Marpingen der Himmel und schenkte uns diese Botschaften.
Wie an vielen anderen Erscheinungsorten ist die

Gottesmutter Maria die Übermittlerin dieser Botschaften, aber auch Jesus selbst erschien und sprach in Marpingen.

Was will Maria?

Die Erscheinungen und Botschaften Mariens sind ein individueller Weg zu Jesus und mit Jesus zum Vater und Gott aller Völker, zu einem befreiten sinnvollen Leben im Lichte Gottes. Durch Maria, die Mutter aller Menschen, möchte Gott uns Seine Gnaden schenken. Seit Anbeginn der Kirche gewährt Gott den Menschen Ihre Hilfe (Er schickt Sie zu uns). Maria erfüllt so Ihre Aufgabe im Heilsplan Gottes und zeigt, dass Sie keineswegs nur der Vergangenheit angehört. In den Botschaften von Marpingen führt Sie uns auf leicht verständliche Weise Ihre Aufgabe vor Augen.
Sie sagt auch heute nichts Neues, so oft haben wir das schon gehört! Die Frage ist allerdings, ob wir auch danach leben?
In Ihren Botschaften spricht Maria in erster Linie den Christen als ein Mitglied der Kirche an, um ihm seine Aufgabe und Mitverantwortung deutlich zu machen. Sie hat den bei den Ereignissen in Marpingen Zugegengewesenen (und damit Verbundenen) einen konkreten Auftrag gegeben,

den sie verwirklichen sollten! Dann spricht Sie aber auch den Nichtchristen an, denn Sie ist auch seine Mutter und er ist genauso für den Himmel bestimmt, wohin Sie ihn auch führen möchte.

Maria lädt ein und ruft auf, aber achtet dabei die Freiheit jedes Einzelnen, wie Gott selber niemanden zwingt. In allen Botschaften ist Ihre Sprache einfach und leicht verständlich. Sie ruft vieles in Erinnerung, zeigt uns Gefahren an und nennt Lösungen für Probleme dieser Zeit.
Es geht Ihr um unsere Zukunft und unser Wohlergehen, wofür Sie uns begleiten und den rechten Weg weisen möchte.

Echt oder unecht?

Der Inhalt der Botschaften von Marpingen stimmt mit der Heiligen Schrift und der gesunden Lehre der Kirche voll und ganz überein. Wenn Maria uns unterweist, ist sehr deutlich die Hinführung zu einem tieferen Verstehen der Heiligen Schrift und dem Heilswerk Ihres Sohnes zu erkennen. Die Botschaften ergeben Sinn, denn Europa steckt in einer Glaubenskrise und in vielen Schwierigkeiten.
Die Voraussage Mariens im Jahr 1877 in Marpingen für Ihr Wiederkommen in

schwerbedrängter Zeit, ist ein Indiz, das für eine Echtheit spricht.
Bei den drei Seherinnen handelt es sich um einfache, bodenständige Frauen, die durch ihre Erlebnisse keinerlei Vorteile haben oder je hatten, eher im Gegenteil. Alle drei sind sehr zurückhaltende und schüchterne Typen. Sie haben sich dem Gehorsam der Kirche unterstellt.
“An ihren Früchten werdet ihr sie erkennen”, sagte uns Jesus im Evangelium. Die Gnaden und Hilfen des Himmels sind so unterschiedlich wie zahlreich. Viele Menschen haben angefangen, die Botschaften im Alltag zu leben. Es sind sowohl körperliche als auch innere Heilungen bekannt geworden, wo Menschen von Glaubenslosigkeit, Zweifeln, Unzufriedenheit, Zukunftsängsten, Verzweifelungen, seelischen Verwundungen und vielem anderen befreit und geheilt wurden. Menschen haben den Sinn ihres Lebens verstanden, haben angefangen zu beten und gehen Gott im Alltag freudig entgegen. Sie wissen, dass sie diesen Weg nicht alleine zu gehen brauchen, sondern himmlische und irdische Begleitung haben. Zahlreiche Menschen sind im Glauben gestärkt worden.
Weitere Zeichen (verschiedenster Art) begleiten die Geschichte von Marpingen.
Fehlverhalten von menschlicher Seite hält oft vom Guten ab. Das ist leider auch oft in der

Kirche und in Zusammenhängen mit Erscheinungen und Botschaften der Fall. Oft tauchen Menschen auf, die sich vor die Ereignisse zwängen und vom Eigentlichen ablenken.

Negative Mitteilungen oder Erfahrungen errichten schnell Vorurteile in unseren Herzen. Man tendiert dann dazu, Dinge zu verallgemeinern und nur noch negativ zu sehen. Deshalb beachten Sie bitte das eventuelle Fehlverhalten mancher Menschen im Zusammenhang mit den Ereignissen von Marpingen nicht. Gerade in den Medien werden Gottes Offenbarungen leider oft verzerrt und in einem hochmütigen Verhalten korrigiert.

Wie sollen wir mit den Botschaften umgehen?

Es genügt nicht die Botschaften zu kennen und als wichtig anzusehen: Wir müssen sie *leben*!

Eine Voraussetzung um den tieferen Sinn der Botschaften (die oftmals so einfach klingen) zu erfassen ist, dass man ein wenig Zeit aufbringen muss. Im Nachdenken und Betrachten der Worte Jesu und Mariens durchdringen sie uns. Wichtig ist auch, dass wir beten, denn nur durch das Gebet können wir Gott und unseren Weg verstehen

lernen und Gott näher kommen.
Neben den mündlichen Botschaften sind die Schauungen der Seherinnen von großer Bedeutung. Sie vermitteln Dinge, die sich in der geistigen Welt, vor allem im Leben des Glaubens und Gebetes, um uns und in der künftigen Welt abspielen.

Es ist ratsam, die Botschaften langsam zu lesen und sich schrittweise um die konkrete Umsetzung zu bemühen, um seinem Leben immer mehr die richtige Richtung zu geben und es fruchtbar werden zu lassen. Oftmals lässt man sich (unbewusst) von unheilvollen Botschaften (aus den Medien oder von Mitmenschen) leiten. Sie verheißen oft Glück. In Wahrheit ist dieses Glück nur sehr begrenzt und hat Enttäuschungen und (viel) Leiden zur Folge.

Bei Gott dürfen wir jeden Tag neu beginnen!

Ich wünsche Mut und Freude, die Botschaften zu leben!

Frank Möller

Was sagt die Glaubenskongregation zu Phänomenen wie Marpingen?

... Die Lehre der Kirche unterscheidet zwischen der "öffentlichen Offenbarung" und den "Privatoffenbarungen". Zwischen beiden besteht nicht nur ein gradueller, sondern ein wesentlicher Unterschied. Das Wort "öffentliche Offenbarung" bezeichnet das der ganzen Menschheit zugedachte Offenbarungshandeln Gottes, das seinen Niederschlag in der zweiteiligen Bibel aus Altem und Neuem Testament gefunden hat. "Offenbarung" heißt es, weil Gott darin Sich selbst Schritt um Schritt den Menschen zu erkennen gegeben hat, bis zu dem Punkt hin, da

Er selbst Mensch wurde, um durch den menschgewordenen Sohn Jesus Christus die ganze Welt an Sich zu ziehen und mit Sich zu vereinigen. Es handelt sich also nicht um intellektuelle Mitteilungen, sondern um einen Prozess des Lebens, in dem Gott auf die Menschen zugeht; in diesem Prozess werden dann freilich auch Inhalte für den Intellekt und für das Verstehen von Gottes Geheimnis sichtbar. Der Prozess richtet sich an den ganzen Menschen und so auch an den Verstand, aber nicht nur an ihn. Weil Gott nur einer ist, ist auch die Geschichte, die Er mit der Menschheit eingeht, eine einzige, die für alle Zeiten gilt und mit Leben, Tod und Auferstehung Jesu Christi ihre Vollendung erreicht hat. In Christus hat Gott alles, nämlich Sich selbst gesagt, und deswegen ist die Offenbarung mit der Gestaltwerdung des Christusgeheimnisses im Neuen Testament abgeschlossen...

...KKK (Kathechismus der Katholischen Kirche): "Im Laufe der Jahrhunderte gab es sogenannte "Privatoffenbarungen", von denen einige durch kirchliche Autorität anerkannt wurden... Sie sind nicht dazu da, die endgültige Offenbarung Christi zu "vervollkommnen"..., sondern sollen helfen, in einem bestimmten Zeitalter tiefer aus ihr zu leben" (Nr. 67)...

... Kardinal Prosper Lambertini, nachher Papst

Benedikt XIV., sagt in seinem klassisch, ja normativ gewordenen Traktat über die Selig- und Heiligsprechungen dazu:...“Diese Offenbarungen fordern vielmehr eine Zustimmung des menschlichen Glaubens gemäß den Regeln der Klugheit, die sie uns als wahrscheinlich und glaubwürdig darstellen”. Der flämische Theologe E. Dhanis, herausragender Kenner dieser Materie, stellt zusammenfassend fest, dass die kirchliche Approbation einer Privatoffenbarung drei Elemente umfasst: Die betreffende Botschaft enthält nichts, was dem Glauben und den guten Sitten entgegensteht; es ist erlaubt, sie zu veröffentlichen und die Gläubigen sind authorisiert, ihr in kluger Weise ihre Zustimmung zu schenken (*Sguardo su Fatima e bilancio di una discussione*, in: *La Civilta cattolica* 104, 1953 II. 392-406, hierzu 397). Eine solche Botschaft kann eine wertvolle Hilfe sein, das Evangelium in der jeweils gegenwärtigen Stunde besser zu verstehen und zu leben; deswegen soll man sie nicht achtlos beiseite schieben. Sie ist eine Hilfe, die angeboten wird, aber von der man nicht Gebrauch machen muss.

Der Maßstab für Wahrheit und Wert einer Privatoffenbarung ist demgemäß ihre Hinordnung auf Christus selbst. Wenn sie uns von Ihm wegführt, wenn sie sich verselbständigt oder sich gar als eine und bessere Ordnung, als wichtiger als das Evangelium ausgibt, dann kommt sie sicher nicht vom Heiligen Geist, der uns in das Evangelium hinein- und nicht aus ihm herausführt. Das schließt nicht aus, dass eine Privatoffenbarung neue Akzente setzt, dass sie neue Weisen der Frömmigkeit herausstellt oder alte vertieft und erweitert. Aber in all dem muss es doch darum gehen, dass sie Glaube, Hoffnung und Liebe nährt, die der bleibende Weg des Heils für alle sind. Wir können hinzufügen, dass Privatoffenbarungen häufig primär aus der Volksfrömmigkeit kommen und auf sie zurückwirken, ihr neue Impulse geben und neue Formen eröffnen. Dies schließt nicht aus, dass sie auch in die Liturgie selbst hineinwirken, wie etwa Fronleichnam und das Herz-Jesu-Fest zeigen. In gewisser Hinsicht bildet sich im Verhältnis von Liturgie und Volksfrömmigkeit das Verhältnis zwischen Offenbarung und Privatoffenbarung ab: Die Liturgie ist das Maß, sie ist der direkt aus dem Evangelium genährte Lebensausdruck der Kirche im ganzen. Volksfrömmigkeit bedeutet, dass der Glaube im Herzen der einzelnen Völker Wurzeln schlägt, so dass er in die Welt des Alltags hineingetragen wird. Die Volksfrömmigkeit ist die erste und grundlegende Weise von "Inkulturation" des Glaubens, die sich immer wieder von der Weisung der Liturgie her ordnen und leiten lassen muss, aber umgekehrt sie vom Herzen her befruchtet.

Die anthropologische Struktur der Privatoffenbarungen

... Die theologische Anthropologie unterscheidet in diesem Zusammenhang drei Arten von Wahrnehmung oder "Schau": Das Schauen mit den Sinnen, also die äußere körperliche Wahrnehmung; das Wahrnehmen von innen her und die geistige Anschauung *(visio sensibilis - imaginativa - intellectualis)*. Es ist klar, dass es sich bei den Visionen von Lourdes, Fatima usw. nicht um die gewöhnliche äußere Sinneswahrnehmung handelt: Die Bilder und Gestalten, die gesehen werden, stehen nicht äußerlich im Raum da, wie etwa ein Baum und ein Haus da sind. Das ist zum Beispiel bei der Höllenvision oder auch bei der im dritten Geheimnis (von Fatima) geschilderten Vision ganz offenkundig, lässt sich aber auch für die anderen Visionen leicht zeigen, zumal nicht alle Anwesenden die Gesichte sahen, sondern eben nur die "Seher". Ebenso ist deutlich, dass es sich nicht um bildlose intellektuelle "Schau" handelt, wie sie in den hohen Stufen der Mystik vorliegt. So geht es um die mittlere Kategorie, das innere

Wahrnehmen, das freilich für den Seher eine Gegenwartskraft enthält, die für ihn der äußeren sinnlichen Erscheinung gleichkommt.

Schauen von innen bedeutet nicht, dass es sich um Fantasie handelt, die nur Ausdruck subjektiver Einbildung wäre. Vielmehr bedeutet es, dass die Seele vom Impuls realer, wenngleich übersinnlicher Wirklichkeit berührt und für das Sehen des Nichtsinnlichen, des nicht den Sinnen Sichtbaren geöffnet wird - ein Schauen mit den "inneren Sinnen". Es handelt sich um echte "Gegenstände", die die Seele berühren, obwohl sie nicht unserer gewohnten Sinneswelt zugehören. Dazu ist eine innere Wachheit des Herzens erfordert, die unter dem Druck der gewaltigen äußeren Wirklichkeiten und der die Seele erfüllenden Bilder und Gedanken meistens nicht gegeben ist. Der Mensch wird aus dem bloß Äußeren herausgeführt und tiefere Dimensionen der Wirklichkeit rühren ihn an, machen sich ihm sichtbar. Vielleicht wird von daher sogar verständlich, warum gerade Kinder bevorzugte Empfänger solcher Erscheinungen sind: Die Seele ist noch weniger verstellt, die innere Wahrnehmungsfähigkeit noch weniger versehrt. "Aus dem Mund von Kindern und Säuglingen schaffst du dir Lob", antwortet Jesus mit einem Psalmwort *(Ps 8,3)* auf die Kritik der

Hohenpriester und Ältesten, die den Hosanna-Ruf der Kinder als unangemessen empfanden *(Mt 21,16)*.

Die "innere Schau" ist nicht Fantasie, sondern eine wirkliche und eigentliche Weise der Wahrnehmung sagten wir. Aber sie bringt auch Einschränkungen mit sich. Schon bei der äußeren Schau ist immer auch der subjektive Faktor beteiligt: Wir sehen nie das reine Objekt, sondern es kommt zu uns durch den Filter unserer Sinne, die einen Übersetzungsvorgang zu leisten haben. Das ist bei der Schau von innen noch deutlicher, vor allem dann, wenn es sich um Wirklichkeiten handelt, die an sich unseren Horizont überschreiten. Das Subjekt, der Schauende, wird noch stärker in Anspruch genommen. Er sieht mit seinen Möglichkeiten, mit den für ihn zugänglichen Weisen des Vorstellens und Erkennens. In der inneren Schau liegt noch weit mehr als in der äußeren ein Übersetzungsvorgang vor, so dass das Subjekt an der Bildwerdung dessen, was sich zeigt, wesentlich mitbeteiligt ist. Das Bild kann nur nach seinen Maßen und seinen Möglichkeiten ankommen. Deswegen sind solche Schauungen nie die reine "Fotografie" des Jenseits, sondern sie tragen auch die Möglichkeiten und Grenzen des wahrnehmenden Subjekts an sich.

Das kann man an allen großen Visionen der Heiligen zeigen; es gilt natürlich auch für die Schauungen der Kinder von Fatima. Die von ihnen aufgezeichneten Bilder sind keineswegs bloß Ausdruck ihrer Fantasie, sondern Frucht einer wirklichen Wahrnehmung von oben und innen her, aber sie sind auch nicht so vorzustellen, dass ein Augenblick der Schleier vom Jenseits weggerückt würde und der Himmel in seinem reinen An-sich-sein erscheine, wie wir ihn einmal in der endgültigen Vereinigung mit Gott zu sehen hoffen...

Joseph Kard. Ratzinger
Präfekt der Glaubenskongregation
(im Jahr 2000, verfasst anlässlich der dritten Botschaft von Fatima)

Die Erscheinungen im Jahre 1876 bis 1877

Marpingen, ein kleiner Ort in der Diozöse Trier, in der Nähe der Kreisstadt St. Wendel gelegen, wurde im Juli 1876 durch Zeitungsberichte in ganz Deutschland bekannt. Ausgelöst durch die Aussagen von drei Kindern und Zeugenberichten von Erwachsenen.

Was war geschehen? Am Abend des 3. Juli befanden sich fünf Kinder beerensuchend am Waldessaum vom Härtelwald. Als drei achtjährige Mädchen in einem leuchtenden Schein, auf einem Rosenstrauch die Mutter Gottes in weißem

Gewand und mit weißem Schleier erblickten, sitzend auf ihrem Arm das Jesuskind tragend, welches ein Kreuz in den Händchen hielt. Susanne, Katharina und Margaretha eilten sogleich nach Hause und erzählten, was sie gesehen hatten. Am nächsten Nachmittag waren sie mit einer größeren Gruppe an der gleichen Stelle. Während sie das "Vater unser" beteten, sahen die drei die leuchtende Erscheinung wieder. Auf die Frage der Kinder, wer sie sei, hörten sie die Antwort:
"Ich bin die Unbefleckt Empfangene!" Die Kinder fragten: "Was sollen wir tun?" Darauf antwortete die Gottesmutter:"Ihr sollt beten!" und später: "Ihr sollt fromm beten und nicht sündigen!"
Auf dem Heimweg bemerkten die Mädchen, dass ihnen die Gottesmutter bis zu den ersten Häusern des Dorfes folgte. Mit großer Freude beschrieben sie die Muttergottes als so schön und strahlend wie Sonnenglanz.
Am 6. Juli wurde der allseits bekannte, seit 10 Jahren schwererkrankte Invalide Nikolaus Recktenwald geheilt, indem die Kinder seine Hand auf den Fuß der Himmelskönigin legten, auch sollte er in den nächsten acht Tagen die beiden Gebete "Komm Heiliger Geist..." und "Unter deinen Schutz und Schirm..." beten. Am 7. Juli wurde die siebenjährige Magdalena Kirsch aus Marpingen, die sterbend (an Tuberkulose im Endstadion) danieder lag, geheilt. Von diesem

Zeitpunkt an gibt es viele Berichte über empfangene Gnaden und Heilungen. In der dritten Nacht sahen plötzlich fünf Erwachsene die herrliche Erscheinung der Himmelskönigin mit dem göttlichen Kind, darunter vier gestandene Männer, die später für das Zeugnis ihres Sehens ins Gefängnis gegangen sind. Auch stimmte die Gottesmutter freudig dem Plan für den Bau einer Kapelle zu. 14 Monate genoss Marpingen die große Gnade, von der Muttergottes besucht zu werden. Die drei Kinder erlebten die Freude Ihres Anblicks auch in ihren Wohnhäusern und oft in der Pfarrkirche, öfters von Engeln umgeben. Es kamen bis zu 20.000 Personen, angezogen von der überwältigenden Kunde des Erscheinens der "Unbefleckt Empfangenen".
Am 13. Juli setzte die unglaubliche Verfolgung des gläubigen Volkes an der Erscheinungsstätte ein. Feldmarschmäßig ausgerüstet rückte eine Kompanie Infanterie mit Gewehren unter Trommelwirbel gegen die ca. 4000 Beter an. Das Betreten der Stätte wurde verboten. - Denn in Deutschland wütete der Kulturkampf. Viele Geistliche befanden sich infolge der Maigesetze unter dem Kanzler Bismarck im Gefängnis. 202 der 731 Pfarreien in der Diozöse waren priesterlos. Der Trierer Bischof verbrachte neun Monate im Gefängnis. Er musste die gewaltsame Schließung blühender Diözesananstalten und

Klöster erleben.

Nun kamen wegen der Marpinger Ereignisse auch Pfarrer Neureuter, der aufopferungsvolle Priester der seit Generationen marianisch geprägten Pfarrei und der Lehrer des Dorfes ins Gefängnis. Selbst die drei achtjährigen Kinder wurden tagelang im Gefängnis festgehalten und anschließend in eine evang. Erziehungsanstalt eingewiesen, woraus sie nur durch einflussreiche Personen freikamen. Das Dorf musste hohe Kosten für die besetzende Wehrmacht aufbringen. Es kam zu Prozessen, selbst der Preußische Landtag in Berlin befasste sich mit dem Fall Marpingen.

Die religiöse Not in Deutschland war verheerend. - Am 1. Dezember 1876 erschien die Gottesmutter als "Trösterin der Betrübten" auch in Mettenbuch, bei dem Benediktinerkloster Metten in der Nähe von Deggendorf. Dann in Dittrichswalde bei Allenstein/Ostpreußen, erstmalig am 27. Juni 1878 auf einem perlenbesetzten Thron. Dort auch mit dem Titel "Die Unbefleckt Empfangene!"Am 100jährigen Jahrestag der Erscheinung Mariens 1978, wurde die kirchliche Gutheißung ausgesprochen und das Gnadenbild vom polnischen Kardinal Woytyla aus Krakau feierlich gekrönt.

Bedenken Sie noch etwas im Heilplane Gottes!

Kalendermäßig war der 3. Juli 1876 kein besonderer Tag, - oder doch? Denn genau an diesem Tag wurde in Lourdes die feierliche Krönung der Statue der "Unbefleckten Empfängnis" durch den päpstlichen Legaten, mit 32 Bischöfen und an die 5000 Priester und einem unübersehbaren jubelnden Volk vollzogen. So gab die Kirche nun offiziell zu erkennen, wie sie über die Erscheinungen der Muttergottes von 1858 dachte.
In Marpingen ist kirchlicherseits noch keine Entscheidung gefallen. So steht es jedem frei, sich selbst ein Urteil zu bilden. Die Kapelle wurde gebaut, das betende Volk, das über einen so langen Zeitraum hin treu der "Unbefleckt Empfangenen" in Marpingen die Ehre gibt, spürt und empfängt die besonderen Gnaden, die dort fließen.

Pater F. Ritter von Lama

Die Botschaften von 1999

Hinweis:

Die Namen der Seherinnen, welche die Botschaften vermittelt haben (die sie bekamen), sind abgekürzt. **Für Christine steht ein C., für Marion ein M. und für Judith ein J.**. So ist es leicht ersichtlich wer spricht. Wenn sie eine Botschaft wörtlich wiedergeben, so steht von wem die Botschaft gegeben ist und durch wen, z.B. Jesus durch J.: oder Maria durch C.:

Die direkten, wörtlich wiedergegebenen Botschaften sind in *Kursivschrift*.

Die Erklärungen des Gesehenen (von den Seherinnen oder dem Verfasser), sowie später mit eigenen Worten (der Seherinnen) wiedergegebene Botschaften, sind in Normalschrift. Sie sind fast alle im originalen Wortlaut, der besseren Lesbarkeit (und des besseren Verstehens) halber jedoch gelegentlich geglättet und teils etwas gekürzt. Gespräche oder Kommentare zwischen den drei Seherinnen oder mit anderen anwesenden Personen (z.B Priestern) sind hier nicht abgedruckt.

Berücksichtigen Sie beim Lesen der Botschaften bitte, dass die Erscheinungen sich oft über den ganzen Tag hinaus erstreckten. Die Zeitabstände sind im Text nicht markiert worden.

Die Botschaften vom 17. Mai

Maria d.M.:
"Ich komme als Mutter für Deutschland!"[1,2]

M.:
"...und hat gesagt, dass Sie jetzt Ihren Triumph in Deutschland beginnen will durch Marpingen."[3]

[1] M. erklärte, dass sie den Erzengel Raphael sah, aber auch andere Engel, ein großes Leuchtkreuz und manchmal die Muttergottes mit dem Jesuskind, Heilige die in der Kapelle als Statuen und auf Bildern verehrt werden und arme Seelen. Sie sah all dies auf ihrer ersten Fahrt im Auto nach Marpingen. Auch Christine erlebte es später so: Es war als eine Offenbarung und Führung zu verstehen.
[2] C. und J. waren an diesem Tag noch nicht dabei.
[3] M. sagte, dass Maria sich bedanke bei all den Leuten, die all die Jahre die Gnadenkapelle in Ordnung gehalten und so schön geschmückt haben und dass Sie jetzt Ihr Versprechen wahr mache und noch öfter komme.

Die Botschaften vom 20. und 26. Mai

M.:
"Zuerst war Sie hier nur mit dem Jesuskind und das Jesuskind war wie ein kleines Kind, das sich an der Mutter festgehalten und den Kopf hin- und hergedreht hat, ganz natürlich, und ganz einfach gekleidet mit einem weißen Gewand und weißem Schleier, hat aber die Sternenkrone, so wie ein Diadem, ein ganz schmales Diadem um den Kopf und lächelt."[4]

Maria durch C.:
"Meine Kinder, ich liebe euch von ganzem Herzen und ich habe euch heute hierher zusammengeführt. Ich habe euch versprochen zu kommen, wieder zu kommen in schwer bedrängter Zeit und ich halte meine Versprechen. Ich bin jetzt wieder hier. Ich bedanke mich noch einmal bei den Menschen, die die Kapelle instand gehalten haben und sie mit den schönen Blumen ausgeschmückt haben über Jahrzehnte lang. Ich bedanke mich für das Gebet. Das Gebet, das ich angenommen habe und zu meinm Sohn geführt habe. Mit diesem Gebet, das seit Jahrzehnten hier gesprochen wurde, wurde schon viel in der Welt geholfen. Ich bitte euch noch einmal, fortwährend

[4] Am 20. Mai 1999 hatte M. eine Erscheinung. Maria dankte den Betern in der Kapelle für ihr gläubiges und treues Beten und sprach einen Dank und Weisungen für bestimmte Priester aus.

hier den Rosenkranz zu beten, in allen Anliegen, die ich euch schon gegeben habe und vor allen Dingen für den Frieden in der Welt. Das ist jetzt sehr wichtig, für den Frieden in der Welt. Betet den Rosenkranz für den Frieden in der Welt."[5]

M.:
"Sie schaut zu dem Kind, das hier vorne steht. ... und Sie sagt, dass Sie die Kinder sehr liebt.

Sie lächelt dem Kind zu und auch den Leuten, die hier drin sind."

Maria d. C.:
"Ich bitte euch, fortwährend zu beten, bei euren Arbeiten, bei eurem Tun, betet immer in eurem Herzen. Ich werde alles in mein Unbeflecktes Herz schließen und an meinen Sohn weitergeben."

[5] während Sie spricht hat Sie die Arme ausgebreitet.
Diese und die nachfolgende Botschaft wurden in der Kapelle gegeben.

Maria d. J.:
Sie bittet uns vor allen Dingen den Rosenkranz zu beten, weil Sie uns dieses Gebet geschenkt hat.
"Der Rosenkranz ist das Gebet, das ich von euch schon in Fatima verlangt habe und es gibt mir viel Macht in die Hand, die ich in der Welt brauche, um die Welt zu retten, um die Welt dem Vater zurückzugeben, Der in großer Sehnsucht nach den Menschen und den Seelen Ausschau hält. Er liebt die Menschen alle und Er verlangt von uns, dass wir für die Bekehrung der Sünder beten und Ihm dabei helfen, die Welt zurückzuholen."

M.:
"Sie zeigt die Hände nach oben, das bedeutet, die Gebete gehen zum Himmel, zu Ihrem Sohn Jesus."[6]

Maria d. C.:
"Ich liebe euch, meine Kinder und ich schließe euch alle in mein Unbeflecktes Herz. Betet fortwährend! Betet und tut Buße! Das ist mein Anliegen, meine Botschaft, die ich euch heute geben möchte. Betet und tut Buße und lasst euch nicht verwirren. Geht meinen Weg mit mir zu Jesus. Ich werde meinen Mantel um euch legen

[6] M. hält beide Hände ausgestreckt - die Handflächen nach oben - und hebt sie von unten nach oben.

und euch meine Hand reichen, um euch zu meinem Sohn zu führen. Habt keine Angst, meine Kinder, ich bin bei euch! Ich bin eure Mutter, die euch in den Armen hält. Bei jedem von euch bin ich. Jedem bin ich ganz nahe. Jeder von euch ist mein Kind und ich lasse euch nicht im Stich, vor allen Dingen nicht in diesen schwer bedrängten Zeiten.
Ich werde noch öfter kommen! Und ich wünsche, dass man Kranke hierher bringt. Ich habe die Quelle geschenkt, um Heilung zu schenken, körperlich, aber auch seelisch und euch die Kraft zu geben, meinen Weg zu gehen, der oftmals ein Kreuzweg, ein Dornenweg ist."

M.:
"Mir zeigt Sie jetzt die ganze Zeit ein Bild, ähnlich wie die Schutzmantelmadonna, wo Sie unter Ihrem Arm lauter Kinder hat."

Maria d. J.:
"Wenn ihr den Rosenkranz betet, komme ich immer, um dieses Gebet aus eurem Mund und aus eurem Herzen entgegenzunehmen, um es für die Welt zu sammeln. Drum bitte ich euch noch einmal, häufig den Rosenkranz zu beten und zwar den, den ich euch gegeben habe."

Maria d. C.:
“Ich möchte keine Sensationen! Ich habe versprochen hierher zu kommen und das tue ich auch jetzt, denn die Zeit ist nahe. Aber ich möchte von euch, dass ihr hier still betet und dass die Andachten, die ich gewünscht habe, stattfinden. Aber ich möchte, dass alles im Stillen geschieht: Keine Sensation. Alles muss klein sein und demutsvoll muss es ausgeführt werden.”

“Ich segne euch, meine Kinder.”

C.:
“Sie hat das Jesuskind bei sich, Sie hat es jetzt wieder auf dem Arm.
Es zeigt auf uns und macht dann das Kreuzzeichen...
Und jetzt sind beide weg. Das Weggehen ist wie ein Blitz, ganz strahlendes Licht und es geht dann weg wie ein wunderschönes helles Licht, ganz warm und hell, wunderbar, so wie ein Blitz.

Die Andachten, die Sie meint, das sind alle Andachten, die hier gehalten werden.”

Die Botschaften vom 1. Juni

M.:
“Zuerst war Sie einfach gekleidet, wie das letzte Mal. Dann war Sie kurz weg, und jetzt steht Sie hier mit dem Gewand ganz strahlend weiß. Der Schleier ist mit Sternen besetzt und durchsichtig, die Haare sind schwarz und die Augen wunderschön blau, himmlisches Blau. Und Sie guckt und lächelt und steht links von der Statue.”

Maria d. C.:
“Meine Kinder, ich fordere euch wieder auf zum Gebet. Ihr müsst beten für die Bekehrung der Sünder und für den Frieden in der Welt. Betet, meine Kinder, betet! Außerdem möchte ich nochmal sagen, dass ihr aus der Quelle trinken sollt und dass ihr mir die Kranken bringen sollt. Ich habe versprochen, dass ich seelische und körperlich Heilung spenden werde. Und dies werde ich auch tun. Meine Versprechen halte ich. Bringt die Kranken zu mir, ohne Aufsehen. Ich habe euch die Andachten geschenkt und vor allem die Krankenandacht, dass ihr ohne Aufsehen und Sensationen die Kranken zu mir bringen könnt. Betet, meine Kinder, und tut Buße. Das ist die Botschaft, die ich euch heute geben möchte. Ich fordere euch wieder zum Gebet auf.”[7,8,9]

C.:
"Jetzt hat Sie doch so eine Art blau..., so ganz himmelblauen Schleier an, so ganz zart blau, mehr ins weißliche, ganz schlicht.

M.:
"... Das Jesuskind ist dabei mit einem weißen Gewand und bleibt auch stehen. Sie hat es an der Hand, das Jesuskind. Sie hat auch ein Kreuz auf der Brust liegen, wie ein Anhänger - wie ein strahlendes Kreuz und in der Hand einen leuchtenden Rosenkranz. Und auch das Jesuskind hat ein Kreuz in der Hand."

[7] Die Muttergottes wünschte, dass die Stelle und die Seherinnen mit Weihwasser gesegnet werden sollten, denn der Widersacher funkt auch gerne rein.

[8] M. erklärte, dass Jesuskind habe gesegnet. Dabei bekreuzigte sich auch Seine Mutter und verneigte sich. Jesus und Maria lächelten.

M.: "Gesegnet werden wir von beiden, sowohl von Jesus als auch von Maria."

[9] Diese Botschaft und die nachfolgende wurden vor der Grotte gegeben.

Maria d. C.:
"Ich werde wiederkommen, wie ich es versprochen habe, schon beim ersten Mal. Ich werde wiederkommen. Ich werde noch sehr oft hier erscheinen, denn ich habe dringende Botschaften zu geben. Ich segne euch, meine Kinder."

C.:
"Sie hat gesagt, dass die Rosenkränze, die oben verkauft werden, sie sollen berührt werden ... an dem Stein."[10]

Maria d. J.:
"Meine Kinder, ich habe euch hier hochgerufen, um euch zu meiner Quelle zu bringen."[11]

M.:
"Sie geht jetzt zur Quelle hin und zeigt mit der Hand nach unten auf die Quelle und ist immer noch als Himmelskönigin hier."

[10] Gedenkstein der Erscheinungen von 1876-77.

[11] Oberhalb des Erscheinungsgeländes, am Ende des Kreuzwegs, befindet sich die Quelle, die schon seit 1876 als Heilsquelle genutzt wird. Dort wird auch ein Bild mit Gott Vater und dem Heiligen Geist verehrt, darunter Jesus und Maria.

Maria d. J.:
"Ich möchte auch euren Seelen diesen Balsam schenken, deswegen habe ich euch hier hochgerufen. Diese Quelle habe ich geschenkt, um die Kranken zu heilen, an Leib und auch an der Seele, und deswegen habe ich euch schon so oft gesagt, dass ihr Kranke herbringen sollt, weil ich gekommen bin, in dieser schwierigen Zeit, um wiederum Kranke zu heilen, seelisch und auch körperlich, denn die Not der Menschen ist so unaussprechlich groß."

Maria d. C.:
"Habt keine Angst, es ist meine Quelle, und sie wird nicht versiegen. Es wird genug Wasser da sein und ihr braucht keine Angst zu haben, dass zu wenig Wasser da ist. Es wird genug Wasser da sein."

Maria d. J.:
"Ihr, meine Kinder, müsst ganz besonders für die Kranken beten. Zum einen, damit die Schutzengel sie hierherbringen und zum anderen, damit sie wieder beginnen, von Herzen zu beten, mit Gott zu sprechen, Ihn zu lieben und Ihm zu dienen. Dieses Bild der Dreifaltigkeit hat hier oben seine Bedeutung. Nicht ich soll verherrlicht werden, sondern der Vater, der Sohn und der Hl. Geist."

M.:
“Sie zeigt zum Bild, Sie zeigt hoch.
Sie steht hier und kniet sich jetzt hin, wendet Ihr Antlitz zu der Statue[12] hin, wo die Dreifaltigkeit ist. Über Ihr erscheint ein leuchtendes Kreuz. In der Mitte des Kreuzes, sozusagen im Herz, ist der Heilige Geist in Gestalt einer Taube. Um das Herz herum sind lauter Palmenzweige, grüne Zweige, die sich wie die Sonne um das Herz drehen.
Sie senden auch rotierende Strahlen. Das Bild war nur kurz da und verschwindet jetzt. Und das sehe ich zweidimensional, wobei ich die Muttergottes wie eine Person sehe.”[13]

M.:
“Sie segnet: *Im Namen des Vaters und des Sohnes und des Heiligen Geistes. Amen.”*[14]

[12] Herz-Jesu-Statue auf einem Tisch, dahinter die Statue Maria mit dem Jesuskind, darüber Gott Vater und der Hl. Geist.

[13] Maria d. C.:
“Ich segne euch nun gleich meine Kinder.”...

[14] M. erklärte, dass die Muttergottes gewunken habe, als Sie verschwand.

M.:
Zweidimensional: “Ich sehe alles, kann aber irgendwie durch das Kreuz durchgucken.
In der dreidimensionalen Perspektive sehe ich wirklich eine Person, wie die Muttergottes, so wie hier, aber durchleuchtet von Licht und drumherum auch Licht.”[15,16,17]

[15] Während eines Liedes war die Muttergottes noch kurz da und wünschte, dass Marion zwei- und dreidimensional erklärte.
[16] C.: “Sie hat noch gesagt, als Sie kurz da war, dass wir uns an der Quelle mit Wasser das Gesicht benetzen sollen und auch davon trinken möchten, aber in Demut.”
[17] Sie sagte zu M., dass Sie noch oft komme.

Die Botschaften vom 7. Juni

C.:
"...Die Muttergottes sagt, dass Sie uns sehr liebt und dabei breitet Sie die Hände auseinander. Dass Sie uns alle sehr, sehr liebt und dass Sie uns hierhergeführt hat und dass Sie auch sehr froh darüber ist, dass viele Ihrem Ruf gefolgt und hierhergekommen sind."[18]

[18] C. erklärte auf dem Weg nach Marpingen (im Auto):
"Das Kreuz ist wieder da. Ich sehe im Herzen ein Kreuz, ein leuchtend helles Kreuz und dieses Mal ist es mit Rosen geschmückt, also da sind so Rosen dran und das führt uns. Es sind auch wieder Engel dabei und auch wieder Heilige. Wen ich jetzt im Moment sehr stark sehe und spüre, ist Pater Pio, Anna Schäfer, die Hl. Therese von Lisieux, den Hl. Pfr. von Ars, dieses Mal auch, was die ganze Zeit nicht der Fall war, Schwester Blandine. Aber es sind noch mehrere, ich weiß aber nicht genau wer, aber es sind ganz viele dabei, und sie freuen sich alle. Sie sind nicht irgendwie betrübt, sie freuen sich alle und winken. Sie sind ganz froh und bilden ein regelrechtes Spalier - sie führen uns. Die Muttergottes spricht gerade : Sie sagt, dass wir keine Angst zu haben brauchen, Sie wird da sein, wenn wir ankommen und Sie wird uns ganz in Ihren Mantel einschließen. ...Wir brauchen keine Angst zu haben und ich merke auch jetzt, seitdem Sie gesprochen hat, dass ich ein warmes Gefühl bekomme." (Die drei Seherinnen hatten etwas Angst gehabt, vor den vielen Menschen und all dem, was kommen mag). Auch J. empfing im Auto die innere Ruhe und diese ist bei den Ereignissen geblieben.

Maria d. C.:
"Ich fordere wieder auf zum Gebet. Betet, meine Kinder, dass ist das Wichtigste. Betet den Rosenkranz, den ich euch gelehrt habe."[19]

"Betet den Rosenkranz für die Bekehrung der Sünder und den Frieden in der Welt. Es ist wichtig, dass ihr betet. Tut Buße und betet. Und habt keine Angst, meine Kinder, ich bin eure Mutter und ich bin immer bei euch."[20,21]

19 C. sah den ganzen Weg zur Kapelle in Marpingen voller Rosenblüten.
20 M. beschreibt Maria, die sie sah: "Sie sieht aus... wunderschön, mit dem durchsichtigen Schleier und mit so vielen Sternen darauf und ein ganz schlichtes, weißes Gewand und Sie lächelt, ganz gütig und liebevoll." Dann wünschte Maria ein Salve Regina.
21 Manchmal war das Jesuskind bei Maria, dann wieder nicht. Maria betete selber den Rosenkranz mit, als er gebetet wurde, sagte M..

Maria d. J.:
"Meine Kinder, ich sage euch noch einmal: Ich möchte Kranke heilen, seelisch und körperlich. Ich möchte die Kranken hierher rufen, damit sie auch wieder lernen auf mich und auf Gott zu vertrauen. Ich bin gekommen in dieser schwierigen Zeit, um euch Kraft und Trost zu schenken. Diese Zeit ist so trostlos, dass ich gekommen bin, euch diesen Trost zu schenken. Ich liebe euch, und mein Sohn Jesus liebt euch auch. Er dankt euch mit mir zusammen für euer Gebet, für eure Opfer und für euren guten Willen."

Maria d. C.:
"Ich habe versprochen, wieder hierher zu kommen in einer schwer bedrängten Zeit und ich halte meine Versprechen. Ich werde noch öfter erscheinen. Auch werde ich an den Marienbrunnen kommen und in die Pfarrkirche. Ich werde auch dorthin kommen, nicht nur hierher, sondern auch dorthin. Es ist alles in meinem Plan, dass dieser Ort zusammenwachse. Und noch einmal: Habt keine Angst, meine Kinder, vertraut! Vertraut mit eurem ganzem Herzen und legt eure Ängste und eure Nöte in mein Unbeflecktes Herz."

C.:
“Sie sagt, dass Sie uns jetzt alle segnen möchte. Und Sie segnet auch die Rosenkränze, die wir dabei haben, wir sollen sie rausnehmen. Sie segnet uns und die Rosenkränze, und Sie bittet noch einmal, dass wir diesen Rosenkranz, den Sie jetzt segnet, benutzen, dass wir ihn beten sollen.”

M.:
“Es ist nicht nur Sie, ja, es sind beide dabei. Sie hält das Jesuskind auf dem Arm. ...und Sie segnet jetzt: ‘Im Namen des Vaters und des Sohnes und des Hl. Geistes Amen’.
Das Jesuskind segnet. Die Muttergottes hat es nur auf dem Arm und lächelt. Und während Er segnet hat Sie den Kopf ehrfürchtig geneigt.”

Maria d. C.:
“Auch wenn ich jetzt nicht mehr sichtbar da bin, bin ich trotzdem hier und nehme die Gebete entgegen.”

Botschaften vom 13. Juni

Maria d. C.:
"Meine Kinder, ich habe euch hierher geführt, damit ihr meinen Triumphzug in Deutschland beginnen könnt. Ich liebe euch, meine Kinder und ich bin froh, dass ihr meinem Ruf gefolgt seid. Es freut mich auch sehr, dass Priester da sind. Es freut mein Herz und es freut das Herz meines göttlichen Sohnes, dass auch Priester da sind. Meine vielgeliebten Söhne[22], ich freue mich so sehr, dass ihr hier seid."[23]

C.:
"Sie strahlt, ... ich sehe Sie nur im Herzen, aber ich spüre Sie ganz deutlich."

M.:
"Sie strahlt, ganz schön, das Kleid mit den Sternen, der durchsichtige Schleier, der weiße Schleier mit Sternen drauf. Sie hat blaue Augen und schwarze Haare, ein ganz schlichtes Gewand und strahlt, wunderbar und macht die Arme auf."

22 Marias Anrede an Priester.

23 C. hatte vorher "Marias Klagelied" gesungen. Währendessen sah M. die Muttergottes mit ausgebreiteten Armen, sehr traurig und sagte, dass die Botschaft die Maria geben wollte, diesmal das Lied war.

M.:
“Sie nimmt jetzt alle Gebete, Sie hört alle Gebete, die wir sprechen.”

Maria d. C.:
“Es freut mich auch sehr, dass viele Kranke gekommen sind. Wie der Herr vorhin gesagt hat, der junge Mann, der vorgebetet hat, zuerst muss das Gebet da sein, und ich verspreche den Kranken seelische und körperliche Heilung.”

“Das Gebet ist so wichtig. Ich wiederhole es nochmal. Betet den Rosenkranz, betet den Rosenkranz für die Bekehrung der Sünder und den Frieden in der Welt. Betet den Rosenkranz, es ist sehr wichtig, dass ihr den Rosenkranz betet, ich brauche die Gebete! Ich brauche die Gebete!”

M.:
“Sie betet selbst jetzt Rosenkranz: Sie lässt den Rosenkranz gleiten durch Ihre Hand - und guckt ernster.

Jetzt lächelt Sie wieder und betet mit uns.”

C.:
“Es sind Heilige dabei ... Pater Pio ist dabei, Anna Schäffer, die kleine Therese von Lisieux, der Hl.

Pfarrer von Ars."[24,25,26]

Maria d. C.:
"Ich liebe euch, meine Kinder, und ich trage alle eure Ängste und Sorgen in meinem Unbefleckten Herzen. Legt alles in mein Unbeflecktes Herz. Ich bin eure Mutter und werde für euch sorgen. Ich nehme mich eines jeden von euch an. Ich wiege euch in meinen Armen, wie ein Kind, und ich liebe euch."

[24] Maria wünschte dann, dass Priester zu den Seherinnen kommen und den unmittelbaren Ort segnen sollten.

[25] C. sagte noch einmal, dass sie mit dem Herzen sehe und Maria ganz deutlich höre.

[26] C.:
"Sie sagt noch mal, es freut Sie sehr, dass die Priester da sind, dass Ihre geliebten Söhne da sind."

M.:
"Jetzt ist das Jesuskind dabei. Sie hat das Jesuskind auf dem Arm. Das Jesuskind!"[27]

Maria d. C.:
"Ich liebe euch, meine Kinder und ich halte meine Versprechen. Ich bin wieder hierher zurückgekommen und ich werde noch öfter kommen, denn hier in Marpingen beginnt der Triumph meines Unbefleckten Herzens in Deutschland. Durch das Gebet, das hier gesprochen wird, wird sich die Gnade der Bekehrung auf die Menschen herabregnen."

M.:
"Das Jesuskind segnet, und die Muttergottes hat es auf dem Arm... Es segnet immer, die ganze Zeit segnet das Jesuskind die ganzen Leute hier. Die Muttergottes strahlt."

[27] C. sagte noch: "Die Priester sollen bitte die Stelle segnen, an der Sie steht, auch mit Weihwasser besprengen, sie sollen außerdem uns mit Weihwasser besprengen, und ich soll den Priestern sagen, dass Sie sich sehr sehr freut, dass sie hier sind. Sie freut sich sehr darüber, ... und trägt sie, die Priester und Ordensleute, in Ihrem Unbefleckten Herzen und ist immer an ihrer Seite."

C.:
"Sie freut sich auch unwahrscheinlich über die Gebete und dass im Herzen die ganze Freude dabei ist und dass die Gebete mit Freude gesprochen werden. Sie freut sich unwahrscheinlich
darüber."

M.:
"Sie steht jetzt da und lächelt."[28]

C.:
"Sie fordert wieder zum Rosenkranz auf. Sie möchte den Rosenkranz, denn das ist die stärkste Waffe im Kampf gegen den Widersacher. Mit Liebe gebetet..."[29]

Maria d. J.:
"Meine Kinder, ich spüre die Freude in euren Herzen, hier sein zu dürfen. Ich habe euch alle einzeln gerufen, um hier zu sein. Weil ihr, meine Kinder, dafür auserwählt seid, den Triumph in Deutschland, den Triumph meines Unbefleckten Herzens mit mir vorzubereiten. Diese Gebetsflut,

[28] M. erklärte, sie konnte sehen, als die Muttergottes durch C. die Botschaft gab, dass die Muttergottes zu ihr sprach (die Lippen bewegte). Sie hörte aber selber nichts.

[29] Priester segneten wieder die Erscheinungsstelle und die Seherinnen einzelnd.

die heute von diesem heiligen Orte zum Himmel steigt, wird am Throne des Vaters für euch Fürsprache einlegen, für ganz Deutschland und für die ganze Welt.
Ich liebe euch von ganzem Herzen und werde euch mit einem großen Segen und vielen Gnaden wieder heimziehen lassen, damit ihr dort, wo ihr seid, wirken könnt. Mit meinem Gebet, das ich für euch alle verrichte vor Gottes Thron, werde ich für euch Fürsprache einlegen. Es wird euch immerdar begleiten, damit ihr meinen Plan erfüllen könnt."

C.:
"Sie freut sich so sehr, ... unglaublich. Sie freut sich so sehr, dass die Priester da sind und dass sie mit dem Herzen beten, und diese Gebete nimmt Sie alle an. Sie bringt sie zu Ihrem Sohn. Sie bringt die ganzen Gebete zu Ihrem Sohn."

"Sie wünscht, dass sie beharrlich fortführen, auch in ihren Gemeinden und dort, wo sie leben, den Rosenkranz zu beten, denn Sie braucht das Rosenkranzgebet.[30]
Wir müssen dringend den Rosenkranz beten, denn es ist die größte Waffe."

30 Ein Priester frug, ob Sie den Priestern etwas sagen wolle.

J.:
“Sie wünscht die Treue zum Heiligen Vater in allen Dingen. Vor allen Dingen die Priester sollen den Papst lieben aus ganzem Herzen und ihren Gläubigen diese Liebe überbringen, damit auch sie wieder anfangen den Papst zu lieben und aufhören auf ihn zu schimpfen. Sie liebt den Papst so sehr, dass es Ihr größter Wunsch ist, den Sie an alle Priester hat, dass sie den Papst lieben und ihm treu sind.”

C.:
“Und Sie hat mehrmals betont, dass Sie froh ist, dass viele Priester da sind. Und Sie hat nochmal gesagt, dass Sie alle Priester in Ihr Unbeflecktes Herz schließt und immer bei ihnen ist und ihnen auch Kraft gibt ihre Arbeit zu tun, weil Sie weiß, dass es schwer ist. Das hat Sie mehrmals betont.[31]

Sie sagt, dass Sie uns alle liebt und jetzt gleich das Jesuskind den Segen gibt.”

[31] C. sagte noch, dass jetzt Engel da sind und dass Maria weiterhin anwesend ist, jedoch nicht mehr sichtbar, damit weitergebetet wird. Maria verneigt sich zum Abschied (Zeichen der Achtung).

Maria d. J.:
"Ich werde, bevor ich gehe, alle Anwesenden segnen und mein Sohn Jesus, der hier zugegen ist, wird mit mir segnen. Sagt es den Menschen, dass sie sich hinknien und mit offenem Herzen diesen Segen des Himmels empfangen."[32]

C.:
Sie sagt, dass Sie noch einmal gekommen ist. Sie hat Marion und mir auch gesagt, wann Sie wieder kommen möchte, aber da wir ja immer soviel Angst haben, ist Sie deswegen jetzt noch einmal gekommen, um zu bestätigen, dass Sie am Sonntag vor der Heiligen Messe kommt. Sie kommt bewusst vor der Heiligen Messe, denn Sie möchte Ihre Kinder zu Ihrem Sohn führen. Sie möchte nicht Ihre Erscheinung in den Vordergrund stellen, sondern Ihren Sohn. Deshalb hat Sie es auch gefügt, dass hier im Anschluss eine heilige Messe in der Pfarrkirche stattfindet. Sie führt uns zu Ihrem Sohn, durch Ihr Unbeflecktes Herz zu Ihrem Sohn Jesus Christus."[33,34,35,36]

[32] Bei allem spielt in erster Linie unsere innere Bereitschaft eine Rolle, dann aber auch die äussere Haltung, die die innere wiederspiegeln sollte. Knien ist das größte Zeichen der Anerkennung und Unterwerfung Gott gegenüber.

C.:
"Und Sie bedankt sich noch einmal für die Gebete. Und Sie freut sich über die Liebe, mit der wir diese Gebete verrichten. Aber Sie möchte jetzt, dass wir uns nun geistig auf die heilige Messe vorbereiten. Sie weiß, dass einige schon vor der Heiligen Messe fahren müssen, aber die, die jetzt hier sind, sollen sich bitte auf die heilige Messe vorbereiten."[37]

Maria d. J.:
"Meine Kinder!
Nun, nachdem ihr bei meinem Sohn wart und Ihn angebetet habt und Er sich mit euren Herzen vereinigt hat, komme ich noch einmal hierher, zu dem Marienbrunnen. Ich möchte euch noch einmal sagen, wie sehr ich euch liebe. Ich trage euch in meinem Herzen, und mein Herz ist eure

33 Zuvor hatte M. erklärt, dass Sie wieder sichtbar da sei, im weißen Gewand und mit weißem durchsichtigen Schleier, leuchtend und mit Rosenkranz.

34 C. sagte, Maria käme früh und im Härtelwald.

35 M. hatte jedoch die Erkenntnis bekommen, dass es etwa um 8.00 Uhr sei. Die Uhrzeit sagte Maria nie.

36 Diese Botschaft wurde im Härtelwald gegeben.

37 M. und C. erklären, wenn Sie geht ist immer ein heller Blitz da und man merkt vom Gefühl her, dass Sie weg ist, als wenn etwas von einem abgefallen sei (aber etwas Gutes).

Zufluchtsstätte. Die Zuflucht, die euch in jeder Not offen steht, die Zuflucht, die immer auf euch wartet und die Zufluchtsstätte, also mein Unbeflecktes Herz, das euch unaussprechlich liebt. Ich habe eure Gebete und eure Sorgen, eure Nöte, also eure Anliegen, angenommen und sie in meinem Herzen aufbewahrt, um für euch vor Gottes Thron Fürsprache einzulegen. Ich brauche euer Gebet, weil ich die Welt dem Vater zurückgeben muss. Der Vater wartet in großer Liebe und blickt mit großer Sorge auf die Welt, die so weit von Ihm abgeirrt ist. Er möchte, dass die Welt sich bekehrt, dass sie wieder zurückkehrt zu den Sakramenten, vor allen Dingen zur heiligen Beichte. In der heiligen Beichte fließt das Blut meines göttlichen Sohnes über eure Seelen und wäscht sie rein, weißer als der Schnee. Drum lernt dieses Sakrament sehr zu lieben, denn es ist das größte Geschenk der Barmherzigkeit Gottes, das Er euch schenken konnte und bedenkt immer, dass Jesus, mein Sohn, dafür, also für euch gestorben ist."[38]

[38] Dies war die dritte Erscheinung an diesem Tag (bereits abends) am Marien-Brunnen oberhalb der Pfarrkirche in Marpingen.

Maria d. C.:
"Ich liebe euch, meine Kinder. Geht gestärkt nach Hause, tragt die Liebe, die ich euch heute geschenkt habe, in eure Familien. Ich werde immer bei euch sein in euren Herzen, und ich trage euch in meinen Unbefleckten Herzen.

Ich möchte, dass der junge Priester nach vorne kommt, zusammen mit meinem göttlichen Sohn, den ich auf meinem Arm trage und der auch euch in Seinem Herzen trägt... Mein kleiner Sohn wird den Segen geben."[39] *Er möchte sich bitte nach vorne stellen, und Marion soll ihm zeigen, wann mein göttlicher Sohn den Segen gibt. Mein göttlicher Sohn wird Seine Hand zum Segen führen."*[40]

"Mein vielgeliebter Sohn, auch dir stehe ich bei deiner Sendung bei. Ich bin immer bei dir und je steiniger der Weg ist, desto mehr führe ich deine Hand. Denk an deine Sorgen. Ich lasse dich nicht im Stich. Ich weiß um alles, und es ist alles im göttlichen Plan."

[39] Damit meint Sie den Priester.

[40] Hieran zeigt sich wunderbar, wie Jesus durch die Priester wirkt.

"Ich komme wieder."

"Ich komme auch wieder an den Marienbrunnen."

"Aber ich komme zu einer späteren Zeit. Ich komme an den Marienbrunnen, und auch in die Pfarrkirche werde ich kommen, damit der Ort zusammenwächst. Es darf keine Konkurrenz geben in diesem meinem Ort, meinem Ort, meinem Marpingen. Der Ort muss zusammenwachsen, aber das braucht sehr viel Gebet. Betet also, meine Kinder!"

"Betet auch für den Bischof! Und habt keine Angst, auch wenn es noch so auswegslos auszusehen scheinen mag, es ist alles im göttlichen Plan. Denkt an meine Worte: 'Ohne Leid kein Schritt nach vorn.' Aber ich werde euch helfen, euer Leid zu tragen, habt also keine Angst. Ich liebe euch, meine Kinder!"[41,42]*"*

[41] M. erklärte, dass Sie die eine Hand schützend über das Jesuskind hielt und zum Schluss einladend öffnete.

[42] Dann winkte und segnete Sie und ging, sagte M.

Botschaften vom 20. Juni

Maria d. C.:
"Ich bin die Mutter des Herrn, die vor Gottes Thron steht, kniet und Fürsprache einlegt für alle meine Kinder in der ganzen Welt." [43,44]

C.:
"Und dann hat Sie gesagt, dass Sie sich sehr freut, dass die Menschen heute wieder Ihrem Ruf gefolgt sind, dass sie gekommen sind und dass Sie alle liebt, die da sind. Und Sie sagt noch einmal, und das möchten wir nachher weitergeben, dass alles im Gehorsam geschehen muss.[45] Das sagt Sie nochmal. Es muss alles im Gehorsam geschehen, denn Sie handelt auch im Gehorsam und daran müssen wir uns auch halten."

Maria d. C.:
"Ich bin gekommen, um euch zu lehren, wieder nach den Geboten Gottes zu leben."

[43] Auf die Frage von C., wer Sie sei.

[44] M. erklärte: "Ich musste alles mitmachen, wie Sie es gemacht hat beim Rosenkranz, also verneigen, Kreuzzeichen... Und Sie hat zeitweise auch das Jesuskind dabei, und wenn das "Ehre sei dem Vater" kommt, verneigt Sie sich und macht mit der einen Hand das Kreuz - und auf der anderen Hand ist das Jesuskind und segnet."

[45] Hier bezieht Maria sich vor allem auf den Gehorsam der kirchlichen Obrigkeit gegenüber (die Demut siegt).

Maria d. C.:
"Ich bin gekommen, um euch von meinem Sohne zu sagen, dass ihr eure Seelen wieder reinwaschen möget."[46,47,48]

Maria d. J.:
"Meine Kinder, die Sündenflut, die von der Erde zum Himmel steigt, ist nicht mehr annehmbar. Es ist die größte Beleidigung Gottes, die geschehen kann, dass die Menschen Seine Barmherzigkeit nicht in Anspruch nehmen. Seine Barmherzigkeit fließt im Sakrament der heiligen Beichte und steht für alle Menschen bereit. Doch es schmerzt den Herrn sehr, dass ihr dieses Geschenk nicht annehmt. Es ist das Geschenk Seiner Liebe, das Er euch durch Seinen Tod am Kreuz verdient hat."

46 M. sagte, dass sie Jesus als Baby sah und auch etwas später als 5 - 6 Jährigen. Er hielt das Kreuz in einer Hand und nahm die Gebete an. Zeitweise war Er ernst, aber dann lächelte Er auch wieder. Sehr deutlich wird hier, wie oder was Jesus empfindet.

47 C. und M. haben wieder gesehen, wie die Gottesmutter mit ihnen den Rosenkranz gebetet hat und mit der Hand symbolisierte Sie, dass Sie die Gebote nach oben gab.

48 M.: "Es sind Engel dabei, kleine Kinder. Und ich muss mit dem Engel jetzt den Rosenkranz mitbeten und sie gucken alle zur Muttergottes hoch und lächeln Sie an - ganz viele Engel rund um Sie."

Ach ihr Menschen, wenn ihr doch sehen könntet, wie wund Sein Herz ist, weil ihr dieses Geschenk nicht annehmen wollt. Es macht auch mein Herz sehr traurig, und es drückt mir die Dornen, die um meinem Herzen sind, die die Menschen heute um mein Herz legen, tiefer hinein. Es schmerzt mein Herz, o Kinder und ich sage es heute ganz deutlich: 'Kehrt zurück zum Herrn. Betet den Rosenkranz, betet für die Bekehrung der Sünder.' Es ist so notwendig, dass ihr betet, denn der Widersacher Gottes versucht die Menschen alle ins Verderben zu stürzen.[49] *Oh, ihr Menschen, wenn ihr das doch bedenken würdet! Seht meinen Schmerz! Mein Herz ist so wund und ich komme heute, um euch diesen meinen Schmerz zu offenbaren, damit ihr, wenigstens ihr, die ich heute hierhergerufen habe, beginnt die Barmherzigkeit Gottes zu lieben und damit das Sakrament der heiligen Beichte. Es ist mein Wunsch und ich bitte euch von ganzem Herzen."*[50,51]

[49] Ohne Gott, der durch das Gebet zu Hilfe eilt, kann der Mensch nichts gegen seinen Feind ausrichten.

[50] Über der Muttergottes sah C. den Hl. Geist als Taube mit goldenen Rosenblüten umgeben. Die Blütenblätter fielen auf die anwesenden Menschen herab. M. bestätigte, dass sie es auch sah und Strahlen, die der Hl. Geist aussendete.

[51] C. sah die Gottesmutter wieder mit einem schlichten Gewand in weiß und einem Schleier. Ihre ganze Art ist sehr einfach und natürlich.

M.:
"... die Muttergottes hatte, wie Sie die traurige Botschaft gesprochen hat, eine Dornenkrone ums Haupt, statt die Sternenkrone und jetzt wieder die Sternenkrone."[52]

C.:
"Ich sehe wieder diese kleinen Kinder, diese kleinen Kinder überall, mit den kleinen Kleidchen. Die sind hier vorne überall rum, bei den Leuten, ganz kleine Kinder in hellrosa und hellgrünen Kleidern. Die sind hier überall bei den Leuten. Sie lachen und strahlen... düsen richtig hier rum..."

M.:
Also, ich sehe jetzt mal Kinder direkt um die Muttergottes rum. Engel, kleine Kinder auch, Engelchen. Es kommt mir vor, das sind menschliche Kinder. Keine Engel, sondern menschliche Kinder!"

C.:
"Sie hat gesagt, das sind die Kinder, die ihr Menschen nicht gewollt habt."

M.:
"Aber nicht alle, teilweise Fehlgeburten."

[52] C. bestätigte es.

M.:
"Kinder aus Fehlgeburten, die dann Gott direkt zu sich nimmt, in den Himmel."

C.:
"Sie schmücken den himmlischen Garten. Sie sind die Blumen in unserem himmlischen Garten."

M.:
"Und sie gehen direkt in den Himmel, weil Jesus sagt: 'Lasset die Kindlein zu mir kommen.' Jetzt sagt das Jesuskind: *'Lasset die Kindlein zu mir kommen und wehret ihnen nicht, denn Menschen wie ihnen gehört das Himmelreich.'* Und weil alle für sie in der Kirche auch beten."

Maria d. C.:
"Ich bitte euch, meine Kinder, bleibt in der Liebe Gottes. Lebt nach den Geboten Gottes, das heisst auch, dass ihr die Heiligen Sakramente empfangen möget. Drückt die Dornen nicht in mein Herz, sondern zieht sie hinaus mit eurem Gebet und mit eurem Leben in Gott. Und dazu gehört auch der Gehorsam. Ich möchte gerade heute wieder sagen, dass ich absoluten Gehorsam wünsche. Ich bitte euch darum."

Maria d. J.:
"Wenn es euch schwer wird, gehorsam zu sein, denkt an meinen Sohn, denn mein Sohn war immer gehorsam und Sein Gehorsam führte Ihn für euch, aus Liebe, um euch zu erlösen, ans Kreuz.[53] *Und der Gehorsam ist ein Kreuzweg, weil es die Aufgabe eures Willens bedeutet, den Willen, der euch so schwer fällt, loszulassen. Lasst euren Willen los und fügt euch in den Plan des Vaters, denn es ist der Plan meines Unbefleckten Herzens, der Triumph meines Unbefleckten Herzens, der hier begonnen hat für Deutschland."*

Jesus d. M.:
"Lasset die Kinder zu mir kommen und wehret ihnen nicht, denn Menschen wie ihnen gehört das Himmelreich. Nur wer so klein sein kann, wie ein Kind, der kann in den Himmel eingehen."

[53] Der Gehorsam dem Vater gegenüber, der sich dem Herzen mitteilt (Gewissen). Der Wille des Vaters stösst oft auf Widerstand, da er sich gegen den Weltgeist richtet. Doch er allein führt den Menschen zum wahren Glück!

M.:
"Wir sollen uns wie kleine Kinder führen lassen. Wie ein kleines Kind das Himmelreich betrachten, dann wäre auch alles ganz einfach. Das Evangelium und alles."[54]

Maria d. C.:
"Ich möchte wiederkommen am 3. Sonntag im Juli."[55]

C.:
" Und dann hat Sie gesagt, wir möchten aber vorher in die Heilige Messe gehen und uns mittags betend auf Sie vorbereiten. Sie sagte nicht, wann Sie kommt, aber Sie wird im Laufe des Nachmittags kommen[56], aber wir möchten bitte vorher die Heilige Messe besuchen."

[54] M. war sehr ergriffen von dem, was sie sah. Jesus, etwa 5 - 6 Jahre alt, und um Ihn die kleinen Kinder wie Engel. Sie erklärte, es sähe aus, als ob Er mit ihnen spiele.

[55] Die Gottesmutter bestätigte es mit Nicken zu M.

[56] als Erkenntnis bekommen.

Und Sie sagt, dass Sie uns jetzt segnen möchte, bzw. nicht Sie, sondern Sie hält das Jesuskind auf dem Arm und Sie möchte, dass wiederum ein Priester nach vorne kommt, der die Bewegung des Jesuskindes mitmacht..."

C.:
"Das sagt Sie ausdrücklich. Sie möchte zuerst, dass wir zu Ihrem Sohn gehen."[57,58]

M.:
"Ja, das Jesuskind hat schon die Hand erhoben zum Segen."

M.:
"Wo die zwei Kinder sind, dort steht Sie hinter ihnen, hinter dem Mann, der die zwei Kinder hält, so leicht seitlich und manchmal hinter ihm... Ja, Sie ist seitlich zwischen den zwei Kindern und hält mal die Hände über die Kinder und streichelt sie, auch wenn die das jetzt nicht bemerken."

[57] Immer wieder erkennen wir deutlich den Hauptsinn Ihres Kommens, Jesus in unseren Mittelpunkt zu rücken, die Heilige Eucharistie und das Opfer Ihres Sohnes wieder zu entdecken, es zu schätzen.

[58] Maria teilte dann noch mit, dass Sie auch am 2. Sonntag für sie sichtbar und spürbar sei, aber die Botschaft wolle Sie am 3. Sonntag geben.

M.:
"Sie macht's aber."[59,60]

C.:
"Sie sagt, dass Sie diesen Kindern Kraft geben möchte und so, wie Sie diesen Kindern Kraft geben möchte für ihr Leben, möchte Sie allen Menschen hier diese Kraft geben. Egal, was sie im Leben haben. Sie möchte ihnen diese Kraft geben, das Leid zu tragen.[61]
Sie sagt, Sie ist nochmal gekommen, um halt die Menschen, die jetzt hier weggehen, danach, nachdem sie gebetet haben, zu stärken. In ihrem Herzen zu stärken, denn Sie möchte, dass jeder hier gestärkt, im Herzen gestärkt, weggeht und die Liebe, die Sie jetzt in die Herzen der Menschen gibt, mit nach Hause nimmt und den Menschen gibt, die jetzt nicht dabei waren."[62,63,64]

59 zwei Mädchen im Rollstuhl.

60 C. bestätigt es.

61 Die Kinder gaben später Zeugnis von dieser Kraft und einer starken Freude im Leid.

62 M. sah, dass Maria allen zulächelte (der anwesenden Menschenmenge) und sich ihnen zuwand, die Hände hob und Strahlen (die Gnadenwirken symbolisieren) in die Menschenmenge sandte.

63 Maria die Gnadenvermittlerin.

64 Dieses ereignete sich vor der Kapelle, am alten Erscheinungsort.

C.:

“Sie sagt auch, dass Sie alle Gebete zu Ihrem Sohn gebracht hat und noch bringen wird, die heute hier gebetet werden und dass Sie auch die Menschen, die sie mitgebracht haben in ihrem Herzen, dass Sie auch an diese Menschen denkt.”

M.:

“Jetzt ist Sie weg, wie so ein strahlendes Licht. Wenn Sie geht, wie so ein Licht,... es ist unterschiedlich... erst kam das Licht, manchmal winkt Sie dann noch, ja und geht, jetzt auch - kurz - und geht.”

Die Botschaften vom 18. Juli

M.:
"Sie steht dort hinten, dort, wo das Keuz ist und lächelt uns zu. Das Gewand ist weiß und schlicht, aber irgendwie hat Sie noch so einen blauen Schleier über dem weißen Schleier, der geht länger runter, wie so ein Mantel, aber anders als in der Kirche, er geht mehr hinten runter."[65]

C.:
"Ich sehe, dass - um die Quelle und überall Blumen sind, überall Blumen, auch hier am Wasser.
Es ist ganz schön, es sind Blumen die ich nicht kenne. Weiß, aber wunderschön."

M.:
"Sie gehen von hier aus, wie so ein Kranz runter zu der Quelle."[66,67]

C.:
"... Es sind auch Engel dabei. Es ist unglaublich, die Taube über der Muttergottes, die Blumen und die Engel sind auch dabei, und es ist alles wunderschön. Es ist alles so strahlend."

65 Maria erschien während des Rosenkranzgebets, wie Sie zuvor angekündigt hatte.

66 C. bestätigte es.

67 Der Hl. Geist war auch wieder als Taube zu sehen.

M.:
"Und von der Muttergottes gehen Strahlen aus. Auch von der Taube auf die Muttergottes runter und durch Sie durch.
Sie lächelt die ganze Zeit. Die ganzen Leute lächelt Sie an und schaut umher. Unheimlich gütig und strahlend. Und auch die Engel, die Sie begleiten. Die Engel haben so eine Art Kranz, wie man ihn früher auf Fronleichnahm hatte. Daran sind Blüten und zwischendrin Grün..."

Maria d. C.:
"Meine Kinder, ich freue mich sehr, dass ihr hierhergekommen und meinem Ruf gefolgt seid. Ich liebe euch sehr und trage euch alle in meinem Unbefleckten Herzen. Ich danke euch für eure Bereitschaft und eure Gebete, die ich direkt zu meinem Sohn bringe. Jedes Gebet nehme ich dankbar an und bitte euch wiederum, fortwährend in eurem Herzen zu beten, bei eurer Arbeit, bei eurem Tun; denkt immer an uns und betet. Eure Gebete und die Liebe, mit der ihr die Gebete verrichtet, sind Balsam für unsere Herzen."

Maria d. J.:
"Ich komme heute hier oben an die Quelle, um euch daran zu erinnern, dass diese Quelle vor mehr als 100 Jahren von Gott geschenkt wurde, um die Kranken zu heilen. Trinkt dieses Wasser

und betet. Habt Vertrauen auf mich und meinem Sohn, denn wir werden euch helfen. Ich habe gesagt, ich will Kranke heilen, seelisch und körperlich und das werde ich auch halten, denn was ich verspreche, halte ich. Ich will euch auch hier oben an der Quelle daran erinnern, dass es in der Heiligen Kirche eine Quelle, eine unversiegbare Quelle, gibt, die heute nicht mehr genutzt wird oder nur noch sehr selten. Die Quelle des lebendigen Wassers, das aus dem Herzen Jesu geflossen ist, es ist zum einen Seine Liebe und zum anderen die Gnaden, die Er für euch am Kreuz erwirkt hat. Die Gnaden, die bereitstehen, um in eure Herzen einzudringen. Ich bitte euch heute, öffnet eure Herzen für diesen Strom der Gnade, der bereitsteht und den die Welt heute nicht mehr annehmen möchte."

Maria d. C.:
"Ich komme auch heute wieder als Mutter, als Mutter aller meiner Kinder und ich wünsche mir nichts sehnlicher, als dass meine Kinder sich führen lassen von mir. Wiederum reiche ich euch meine Hand. Nehmt sie an und lasst euch führen, wie eine Mutter ihr kleines Kind führt. Vertraut! Vertraut und glaubt! Ich lasse euch nie allein. Ich bin immer bei euch und trage all eure Sorgen und eure Nöte, aber auch eure Freude mit euch. Ich kenne euch, jeden von euch und ich helfe euch.

Habt keine Angst! Lasst euch nicht verunsichern oder verwirren! Ich liebe euch, meine Kinder.[68,69] *Auch bin ich gekommen, um diese Quelle, diese Gnadenquelle, diesen ganzen Bereich wieder neu einzusegnen, so wie ich gekommen bin, an diesen Ort wieder zurückgekommen bin, neu den Ort belebt habe, so möchte ich auch wieder diese Quelle einsegnen."*[70,71,72]

Maria d. J.:
"Wir haben diese Wasser durch Berührung und auch durch den Segen, den das Jesuskind gegebeben hat, dieses Wasser in Besitz genommen für Gott, und Gott hat uns beauftragt, also mich be-
auftragt, dieses Wasser euch zugänglich zu machen, versehen mit den Gnadenströmen, die

68 M. erklärte hier, dass Jesus als Kind da sei und Seine Mutter anstrahlt und in der Taube darüber ein rotes Herz zu sehen sei.

69 M. sah, wie Strahen aus Jesus offener Hand und auch von Maria auf die Leute gesendet wurden.

70 C. sah wieder die Taube, wie Sie Blüten regnen ließ (Gnadensymbol).

71 M. sah dann, wie die Gottesmutter zu dem Sammelbecken (Quelle) ging und die Wasserhähne sowie das Wasser berührte und lächelte.

72 Das Jesuskind war auch da und spendete öfter den Segen. Es berührte auch.

dann auch Heilungen bewirken können, körperlicher und seelischer Art. Diese Quelle ist von Gott geschenkt und wird euch heute von Gott erneut geschenkt und euch in Erinnerung gerufen, dass dieses Wasser ein Quell des Lebens ist. Ihr müsst dieses Wasser trinken mit viel Ehrfurcht, mit viel Liebe und vor allen Dingen mit viel Vertrauen, verbunden mit eurem Gebet. Ich wünsche so sehr, dass die Kranken lernen das Leid für Gott zu tragen und dieses Leid anzunehmen aus Liebe zu Gott. So wird es verdienstlich für die Welt und es hilft uns beim Retten der Seelen. Die Seele ist das Wichtigste."[73]

Maria d. C.:
"Meine Kinder, ich bin heute gekommen, um wie ich es schon getan habe, die Quelle neu einzusegnen, einzuweihen, mit meinem Sohn. Dies habe ich vorhin getan und ich bitte euch, die Quelle gemäßigt zu benutzen. Alles Wasser, was dort fließt, ist jetzt Gnadenwasser und kann von euch getrunken werden.[74,75]

73 Dann bat Maria sie, nach unten zur Grotte (vor der Kapelle) zu kommen (etwa 700m) und unterwegs zu beten. M. und C. sahen Sie den Weg vorausgehen, von Engeln umgeben.

74 Zuvor bat Maria wieder um den Segen für die drei Seherinnen.

75 M. sah Maria und die Taube über Ihr, die ein rotes Herz zeigte.

Wie ich versprochen habe, wird dieses Gnadenwasser körperliche und seelische Heilung bewirken bei den Personen, bei denen es Gott euer Vater wünscht."

Maria d. J.:
"Alle Seelen werden jedoch Gnade erhalten. Die einen werden geheilt werden, weil es im Plan des Vaters ist, und die anderen werden die Kraft haben, dieses Leid aus Liebe zu Gott zu tragen. Sie werden immer mehr verstehen, dass die Welt heute nur noch durch das Leid und das Gebet zu retten ist. Aus diesem Grunde komme ich und bitte euch auch heute wiederum um das Gebet, das ich euch gelehrt habe, nämlich den heiligen Rosenkranz. Betet ihn mit viel Liebe in euren Herzen, betet ihn für die Bekehrung der Sünder, betet ihn für den Frieden in der Welt und betet ihn auch dafür, dass die Menschen die Gnaden, die von Gott bereitstehen, um die Welt zu erretten, annehmen, dass sie ihr Herz öffnen und es groß öffnen, damit die Gnadenflut, einziehen kann.
Gott schaut auf euch und liebt euch. Er wartet auf die Rückkehr der Welt und dieses hat Er mir aufgetragen, dass ich das tun soll. Deswegen sage ich es euch heute und ich bitte euch von ganzem Herzen, so wie eine Mutter nur bitten kann, öffnet eure Herzen, tragt euer Kreuz, liebt das Kreuz, betet, tut Buße und rettet mit mir die

Welt für den Vater, der im Himmel auf diese Seelen, und auf die Welt damit, wartet. Er liebt die Menschen so sehr und Er möchte, dass sie zurückkehren, zurückfinden zu Ihm, dass sie aus Liebe leben und zu Seiner Verherrlichung. Dazu ist die Welt geschaffen, zur Verherrlichung Gottes, nicht zu dem, was sie heute tut, denn sie ist sehr weit von ihrem Ziel und von ihrer Aufgabe abgedrifftet.
Liebt Ihn, meine Kinder, und öffnet Ihm euer Herz, folgt meiner Hand und ihr werdet durch mich den Weg zu Jesus und durch Jesus zum Vater finden.
Ich liebe euch, meine Kinder, und ich bin jeden Augenblick um euch, neben euch. Ich führe euch, ich trage euch in meinem Unbefleckten Herzen und dieses Unbefleckte Herz ist eure Zufluchtsstätte. In meinem Herzen verspürt ihr den Trost, verspürt ihr die Liebe Gottes, verspürt ihr die Sehnsucht Gottes nach der Rettung der Welt. Birgt euch in meinem Unbefleckten Herzen durch die Weihe an mein Unbeflecktes Herz und lebt diese Weihe jeden Augenblick des Tages. Alles in eurem Leben ist nach dem Plan Gottes gefügt, alles ist zu eurer Rettung und für euren Weg zum Himmel bestimmt.[76]

[76] C. sah die Taube, also den Hl. Geist über den Anwesenden Leuten schweben und Blütenblätter (Gnaden) niederregnen lassen. Dann kehrte Er wieder zu Maria.

Vertraut mir, meine Kinder. Ich bin immer bei euch und ich liebe euch so unendlich."[77,78,79]

Maria d. C.:
"Ich führe euch immer zu meinem Sohne hin, denn das ist mein Ziel, euch zu meinem Sohne zu führen, der auf euch wartet."

M.:
"Sie freut sich über jeden, der kommt. Vor allem auch, wenn junge Menschen kommen. Aber derjenige, der nicht kommen kann, den schließt Sie genauso ein mit seinem Anliegen, wie der, der kommt."[80]

77 M.:
"Während die Muttergottes gesprochen hat, war Jesus als erwachsener Mann hinter Ihr und hat die Hände auf Ihre beiden Schultern gehalten. Und von der Taube ging durch alles Licht. Am Anfang war Jesus als Kind dabei, war dann kurz nicht mehr sichtbar und dann kam Er als erwachsener Mann. Und um die Taube herum war so etwas wie ein Kranz mit lauter grünen Blättern dran und der Kranz hat sich gedreht. Es war unheimlich. Wunderschön.
Das Herz der Muttergottes hat gestrahlt, während Sie vom Unbefleckten Herzen gesprochen hat."

78 Dann segnete wieder das Jesuskind durch einen Priester.

79 Maria teilte noch Ihr nächstes Kommen mit, dem 8. August spätnachmittags.

80 Was vermag die menschliche Sehnsucht zum Guten? Alles, so gut es den Menschen möglich ist. Gott kennt jedes Herz.

C.:
“Sie sagt noch etwas. Sie sagt, bevor Sie jetzt geht, möchte Sie nochmal an das Gebet erinnern und die Rosenkränze als Dank für unser Beten segnen, die wir alle bei uns haben, alle Pilger.”[81]

C.:
“Ich höre Sie jetzt, wie Sie sagt, dass Sie sich auch sehr darüber freut, dass wieder so viele Priester da sind und diese Priester möchte Sie stärken. Sie möchte, dass Sie gestärkt nach Hause gehen und die Liebe, die Sie ihnen gibt, zu den Menschen tragen, die ihnen unterstellt sind, für die sie verantwortlich sind und dass sie diese Priester, alle Ihre Priester, Ihre vielgeliebten Söhne, in Ihrem Unbefleckten Herzen ganz besonders trägt und ihnen beisteht, in der für sie schweren Zeit.”

M.:
“Sie sagt, Sie hat jeden, der heute hier ist, selbst gerufen.”[82]

81 M.: “Sie freut sich über jeden Menschen, der hier ist, ob jung oder alt, ob Kind oder erwachsen.
Und Sie hat selbst Ihren Rosenkranz in der Hand. Sie hält Ihren eigenen Rosenkranz in der Hand, so wie wir. Und das Jesuskind hat Sie auf dem Arm und es segnet.”
82 C. bestätigt.

C.:
"Sie sagt jetzt, auch wenn Sie jetzt geht, ist Sie trotzdem hier, auch wenn Sie für uns jetzt nicht mehr sichtbar ist, ist Sie hier und nimmt alle unsere Gebete an, die wir jetzt noch verrichten."

M.:
"Sie ist auch an den Tagen hier, wo Sie nicht erscheint, um die Gebete anzunehmen."

C.:
"Und Sie sagt nochmal: *'Benuzt das Gnadenwasser gemäßigt, mit Ehrfurcht'*."

M.:
"Sie winkt..."

C.:
"Sie hat noch einmal gesagt: *'Ich komme wieder'*."

1. Maria erschien 1876/77 drei Mädchen in Marpingen.

2. Maria hielt Ihr Versprechen und erschien erneut 1999 drei jungen Frauen (hier im Vordergrund).

3. Die Gnadenkapelle im Härtelwald in Marpingen, die Aufgrund der damaligen Ereignisse errichtet wurde.

4. Zahlreiche Votivtafeln schmücken die Kapelle und geben Zeugnis von Gebetserhörungen in Marpingen bis in jüngste Zeit.

5. Innenansicht der Gnadenkapelle.

6. Links vor der Gnadenkapelle weist ein Stein auf die Erscheinungsstelle von 1876/77 hin.

7. Die Gnadenquelle (links) und eine Statue, die Maria mit dem Jesuskind darstellt, darüber der Himmlische Vater und der Heilige Geist, der heilige Erzengel Michael (links) und der heilige Josef (rechts).

8. Hier erschien und sprach Maria am 1. Juni 1999.

9. Noch immer leidet Jesus für uns, doch unsere Gebete lindern Sein Leiden (siehe Botschaft vom 17. Oktober 1999), (*gemalt von Sarah, 12 Jahre, Bocholt*).

10. Vor und zu dieser Kreuzwegstation gab Maria eine Botschaft (am 5. September 1999) in der Sie sagt, was es bedeutet, Mutter des Erlösers zu sein.

11. Das Kreuz zu dem Maria die Seherinnen am 17. Oktober 1999 geführt hatte, um uns wieder auf das Kreuz eindringlich hinzuweisen.

12. Die Kapelle an der Rheinstraße (etwas ausserhalb von Marpingen), wo Maria auch am 17. Oktober 1999 erschien.

13. Pilger versammeln sich zum Gebet vor dem Kreuz im Härtelwald. Hier erschien Maria am 21. August 1999.

14. Um die Gnadenkapelle (während den Erscheinungen 1999) vereinten sich gläubige und suchende Menschen, aus ganz Deutschland und den Nachbarländern, im Gebet.

15. In Marpingen tanken Herzen Glauben, Hoffnung, Liebe, Freude und vieles mehr.

16. Vor der Grotte (rechts neben der Gnadenkapelle) fanden zahlreiche Erscheinungen statt. Schwer Leidende, darunter viele Kinder, konnten all dem besonders nahe sein und Sinn und Stärkung unter ihrem eigenen Kreuz erfahren.

17. Die drei Seherinnen (von links nach rechts): Christine, Judith und Marion. Judith nimmt das wiedergegebene Gesehene und Gehörte direkt auf, damit nichts verloren geht.

18. Berührungen mit dem Himmel, Erkenntnisse über den Sinn und Weg des Lebens.

19. Aufwachen aus einem falschen Frieden, echten Frieden, Trost und Heilung erfahren...

20. Der Glaube lebt! Gott existiert! Halleluja! ...das war und ist Marpingen für viele geworden.

21. *Darum bitte ich euch heute, bitte geht wieder zu meinem Sohn. Er wartet mit Seiner ganzen Liebe auf euch... Besucht Ihn in der Kirche!* (Botschaft vom 21.August 1999). Bild: Die Pfarrkirche von Marpingen.

22. Am 13. Juni sprach Maria am Marienbrunnen (ca. 300m rechts der Pfarrkirche in Marpingen).

23. *...denn hier in Marpingen beginnt der Triumph meines Unbefleckten Herzens in Deutschland!* Botschaft vom 13.Juni 1999.

24. Wir können erfahren, dass Maria wirklich unsere Mutter ist, wenn wir Ihre Hand ergreifen.
So verspricht und hält sie Es.
Bild: Statue in der Gnadenkapelle.

25. *Alles ohne diesen Petrus, ohne diesen Papst ist nicht mehr Kirche, jedenfalls nicht die, die Jesus gegründet hat!* (Botschaft vom 8.August 1999).

21. Verrückt? Ein Mann bringt seine Sorge auf sichtbare Weise zum Ausdruck.

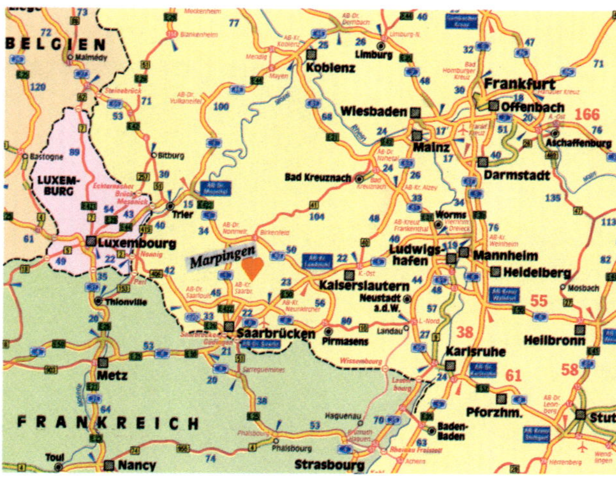

22. *Ich lasse euch aber nicht allein. Ich bin immer anwesend. Ich bin immer da in Marpingen. Auch spürbar für bestimmte Menschen. Ich bin immer da, Ich werde nicht gehen und ich warte jeden Tag, dass ihr zu mir kommt!* (Botschaft Mariens vom 17. Oktober 1999).

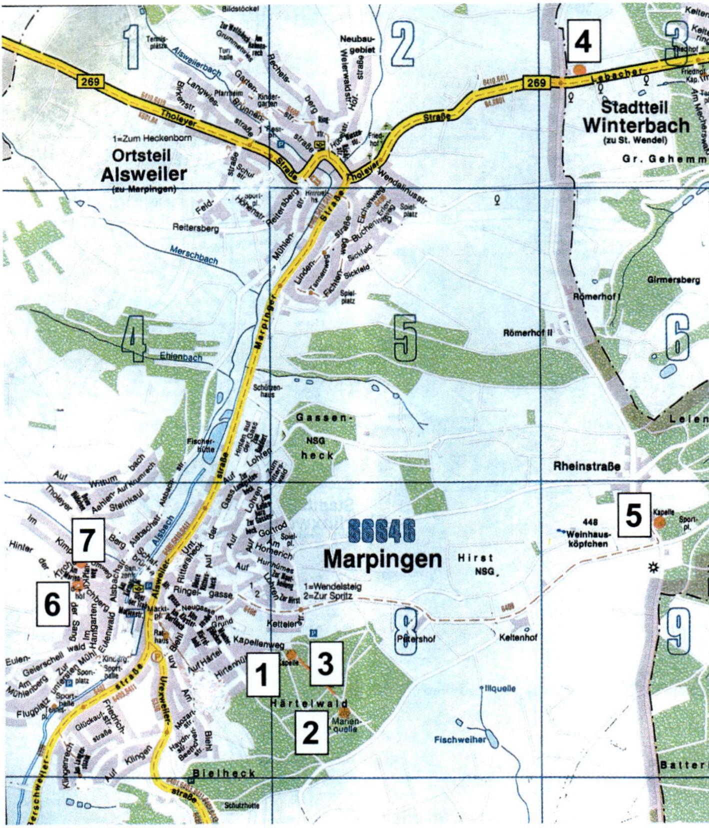

Die Erscheinungsstellen:

1. Gnadenkapelle und Grotte
2. Gnadenquelle
3. Kreuzweg
4. Kreuz an dem Maria am 17. Okt. 1999 Sprach
5. Kapelle an der Rheinstraße
6. Pfarrkirche
7. Marienbrunnen

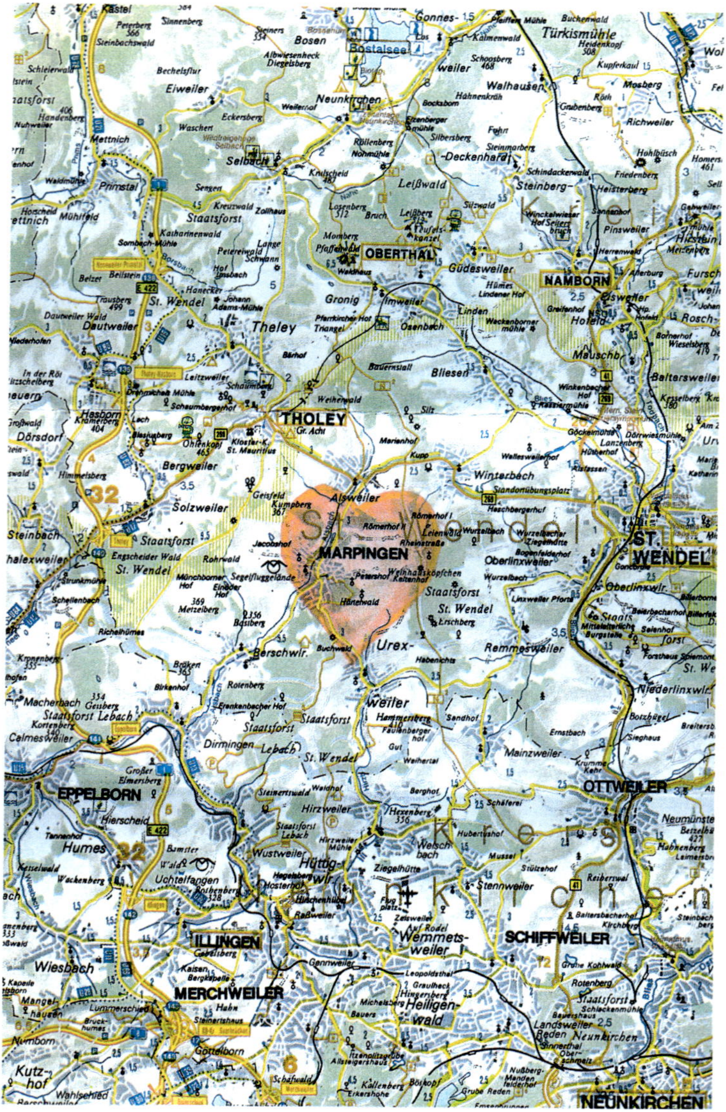

Kastel
Sinnenberg
Bosen
Bostalsee
Gonnes-
weiler
Türkismühle
Eiweiler
Neunkirchen
Walhausen
Mosberg
Richweiler
Mettnich
Selbach
Primstal
Leißwald
Deckenhardt
Steinberg-
Staatsforst
Oberthal
Güdesweiler
Namborn
Pinsweiler
St. Wendel
Gronig
Theley
Dautweiler
Bliesen
Eiweiler
Hofeld
Mauschbach
Baltersweiler
Tholey
Dörsdorf
Bergweiler
Winterbach
Solzweiler
Alsweiler
Marpingen
St. Wendel
Steinbach
Staatsforst
St. Wendel
Oberlinxweiler
Remmesweiler
Urex-
weiler
Berschweiler
Niederlinxweiler
Macherbach
Staatsforst Lebach
Calmesweiler
Dirmingen
Lebach
Staatsforst
St. Wendel
Mainzweiler
Eppelborn
Ottweiler
Hirzweiler
Humes
Wustweiler
Welschbach
Uchtelfangen
Hüttigweiler
Stennweiler
Illingen
Wemmetsweiler
Schiffweiler
Wiesbach
Merchweiler
Heiligenwald
Neunkirchen
Numborn
Kutzhof
Wahlschied
Göttelborn
Landsweiler
Reden
Neunkirchen

Die Botschaften vom 8. August

M.:
... Sie wendet sich auch dem Fernsehteam zu und sagt:“Die sehen Sie nicht”.[83] Aber Sie lächelt allen hier zu, auch denen, die Sie nicht sehen... Sie bewegt sich, jetzt steht Sie...

C.:
“Sie macht das Kreuzzeichen.”[84]

C.:
“Sie schwebt und kniet!”

M.:
“Und Sie neigt nur den Kopf und macht das Kreuz und kniet.”

C.:
Sie verneigt wieder den Kopf, macht das Kreuzzeichen und breitet die Arme aus... Sie betet - hat kurz die Arme ausgebreitet.”

[83] während ein Fernsehteam gerade Aufnahmen von den Vorgängen machte.

[84] als ein Priester mit Weihwasser segnet.

Maria d. C.:
"Meine Kinder, ich danke euch, dass ihr meinem Ruf gefolgt seid und hierher gekommen seid. Wiederum habe ich jeden einzelnen von euch gerufen, bewusst oder unbewusst. Ich komme wiederum als Mutter, weil ich euch doch so sehr liebe und bitte euch heute um Vertrauen und völlige Hingabe. Ich reiche euch meine Hand, nehmt sie an, bitte nehmt sie an. Ich bin euch gut und ich liebe euch. Ihr könnt mir ganz vertrauen. Ich sagte doch schon, dass ich jeden von euch genau kenne und dass ich alles mit euch trage: Eure Ängste, eure Sorgen, euer Leid, aber auch eure Freude. Ich trage alles, was ihr habt, mit euch. Ich lasse euch nie alleine.

Habt Vertrauen, schenkt mir euer Vertrauen, schenkt mir euch und ich bringe euch zu meinem Sohne, der so sehr auf euch wartet und auf eure Liebe.
Habt keine Angst, meine Kinder!

Durch mein Unbeflecktes Herz wird euch der Weg zu meinem Sohne gezeigt."

Maria d. J.:
"Ich bin jedem einzelnen von euch Mutter. Ich trage jeden Einzelnen von euch in meinem Herzen. Ich schenke euch mein ganzes Vertrauen,

weil ich euch für meinen Plan berufen habe. Vertrauen heisst, nicht auf seine Angst zu schauen, auf seine Unfähigkeit, auf die Unmöglichkeit etwas zu vollbringen, sondern Vertrauen heisst, auf mich zu schauen, sich meinem Unbefleckten Herzen zu weihen, meine Hand anzunehmen, sich von mir kindlich führen lassen und alles mit mir, in mir und durch mich zu tun. In all eurer Angst bin ich bei euch. Ich bringe eure Sorgen und Nöte zu Gott und lege Fürsprache für euch ein. Ich kümmere mich um jede Einzelheit eures Lebens. Ich kenne auch jede Einzelheit eures Lebens, jeden Augenblick, jeden Herzschlag, jeden Atemzug, alles, alles, was ihr tut, um all das weiß ich."

C.:
"Die weiße Taube ist wieder da und steht ganz groß über der Grotte. Und ist jetzt hier vorne und hat wieder überall diese Blütenblätter. Sie lässt diese Blütenblätter fallen und bewegt sich jetzt in Richtung der Menschen und es sind ganz viele Engel da. Bevor Sie kam, waren Engel runtergekommen und auf einmal war ein großer Engel da vorne. Ich hörte den Namen "Gabriel", er war da vorne, hat gelächelt und gestrahlt und auf einmal, wie, als wenn der Himmel sich auftut und ein ganz großes Licht herunterkam und da waren auf einmal vier große Engel, zwei standen

auf der (rechten) Seite und zwei auf der (linken) Seite von der Grotte und sie strahlten auch unwahrscheinlich. Die anderen Engel waren aber kleiner, nur die vier waren größer als die anderen. Und dann erst kam Sie.

Die Engel sind immer noch da, ...

Maria d. C.:
"Ich fordere euch heute auf, meinen Papst zu lieben und ihm zu folgen. Betet für ihn und betet mit ihm. Es ist mein Papst und ich wünsche, dass ihr ihm nachfolgt und ihm gehorcht. Verhöhnt ihn nicht und zweifelt nicht seine Entscheidungen an. Er steht im Dienste des Himmels und handelt so, wie wir es wünschen."

C.:
"Die Taube ist noch da. Sie ist jetzt weg, aber die Taube ist noch da. Jetzt ist Sie weg, die Taube..."

M.:
"Sie trägt ein einfaches weißes Kleid und einen einfachen weißen Schleier."[85]

[85] Nachdem J. M. gefragt hatte, wie Maria aussah.

"... Sie sah aus wie eine richtige Taube - nur hat sie sich bewegt, aber war größer."[86]

C.:
"Sie hat gesagt, dass das die zwei Botschaften waren, die Sie uns heute geben wollte, aber, dass Sie die zweite noch vertiefen wolle und dass Sie durch dich (Judith) sprechen möchte, nicht durch mich, weil es tiefgehend ist und Sie dir die Worte gibt."

"Ich höre Sie auch immer noch, ich höre Sie noch und ich sehe Sie auch noch.
Ich sehe Sie, Sie ist wieder da. Sie steht jetzt rechts an der Grotte. Ich sehe Sie ganz deutlich."

M.:
"... Ich sehe Sie ganz deutlich, so deutlich, wie diese Leute hier."

Sie hat ganz dunkle Haare und blaue Augen. Schwarze Haare, aber schöne, schöne und ganz schlicht. Sie hat einen weißen Gürtel und einen strahlenden Rosenkranz, der bläulich schimmert. Sonst habe ich den Rosenkranz immer nur strahlend gesehen, jetzt sehe ich auch, dass er himmel-

[86] Nachdem J. M. fragte, wie sie die Taube sah.

blau schimmert, nicht wie der Himmel hier, sondern ganz strahlend blau."

C.:
"Sie lässt den Rosenkranz durch die Hände gleiten."

"... Ihren Sohn habe ich auf Ihrem Arm gesehen, den Sie uns zeigt."[87]

Maria d. J.:
"Ich bin nochmal gekommen, um euch noch weiter zu lehren, meinen ersten vielgeliebten Sohn, meinen Papst, den ich von Herzen liebe und der sich mir mit ganzem Herzen und mit seinem ganzen Sein geweiht und übergeben hat, euch zu zeigen, wie ihr ihm begegnen sollt.
Ihr müsst auf seine Worte hören. Die Worte, die er euch sagt, sagt er in unserem Auftrag. Er trägt heute ein sehr schweres Kreuz, weil die Welt so weit von Gott entfernt ist. Dieses Kreuz trägt er. Wenn man ihn richtig anschaut, sieht man es. Er trägt es aus Liebe zu mir und meinem göttlichen Sohn. Er trägt es für die Rettung der Seelen und für die Heimkehr der Welt zu Gott.

[87] C. hob ihre Arme und zeigte, wie es war.

Die Liebe, die er ausstrahlt, das ist meine Liebe und die Liebe meines göttlichen Sohnes. Er ist mein Werkzeug und er ist fügsam. Auch ihr, meine Kinder, müsst fügsam sein, ihr müsst dem Papst treu sein, ihr müsst ihn lieben und ihr müsst ihm gehorchen. Ich weiß, dass es in eurer Zeit heute schwer ist, seinen Worten zu gehorchen, weil es euch sehr schwer gemacht wird, die wahren Worte, die der Papst gesagt hat, zu hören, weil man sie verdreht, weil man sie unrichtig weitergibt und weil man die Kirche damit in die Irre führt.
Hört also auf den Papst. Er ist das Licht in eurer Zeit, das Gott euch, auf meine Fürsprache hin, geschenkt hat. Schaut auf dieses Licht, es steht auf dem Berg. Er ist die Spitze, er ist die Spitze der Kirche, in der Hierarchie der Oberste, er vertritt Gott, er ist Petrus und auf diesem Felsen hat Jesus die Kirche gegründet. Alles ohne diesen Petrus, diesen Papst, ist nicht mehr Kirche, jedenfalls nicht die, die Jesus gegründet hat. Denn Jesus hat die Kirche auf den Papst, auf Petrus, auf dem Fels, gegründet.
Habt Mut und vertraut ihm!"

C.:
"Sie hat den Rosenkranz jetzt so und Sie möchte die Rosenkränze segnen.[89a]

[89a] C. zeigte, wie Sie ihn hielt.

Sie segnet, sagt Sie.
Sie sagt, dass Sie uns wieder auffordert den Rosenkranz zu beten für die Bekehrung der Sünder und den Frieden in der Welt. Als Dank für unser Gebet möchte Sie uns die Rosenkränze segnen und Sie hält Ihren jetzt auch hoch."

J.:
"Das Jesuskind!"

C.:
"Das Jesuskind, ja."

J.:
"Es segnet."

C.:
"Sie hat Es auf dem Arm. Das Jesuskind segnet die Rosenkränze."

M.:
"Das Jesuskind mit Ihr. Sie hat das Jesuskind, von hier aus gesehen, auf dem rechten Arm und den Rosenkranz in der linken Hand. Jetzt hängt er runter und Sie holt ihn in die Hand, so wie wir das jetzt auch machen und hebt die Hand dann hoch und hält auf der anderen Hand das Kind.
Von hier aus gesehen rechts neben der Grotte, dort, wo sich jetzt vom Wind die Zweige

bewegen, ein bisschen hinter der Grotte."

C.:
"Jetzt hebt das Jesuskind die Hand."

J.:
"Und segnet."

C.:
"Und segnet."

J.:
"Mein Rosenkranz wird warm."

M.:
"Es segnet noch immer."

C.:
"Ja."

M.:
"Es segnet schon die ganze Zeit. Mehrmals und lächelt. Und Sie auch. Das sehe ich zum ersten Mal, dass Er ununterbrochen segnet. Das macht Er zum ersten Mal."

Maria d. C.:
"Bedenkt, meine Kinder, dass wir euch aus ganzem Herzen lieben und euch diese Liebe

schenken möchten, aber ihr müsst eure Herzen öffnen, damit die Liebe eindringen kann"

"... Sie hat gesagt, Sie kommt am 21. August abends wieder hierher."

Maria d. C.:
"Ich habe alle Anliegen, alle Anliegen mitgenommen, alles schließe ich in mein Unbeflecktes Herz. Habt keine Angst! Ich bin eure Mutter und werde euch nie alleine lassen. Dies müsst ihr verinnerlichen und begreifen lernen."[89b]

[89b] C. hörte noch, dass die Prister den Segen geben sollten. Welches dann auch vollzogen wurde.

Die Botschaften vom 21. August

C.:
"Sie hat gesagt, dass wir hingehen und das Wasser trinken sollen, nachher, vor allen Augen."[90,91,92]

Maria d. C.:
"Meine Kinder! Ich danke euch, dass ihr den weiten Weg auf euch genommen habt und hier seid. Ich liebe euch von ganzem Herzen. Darum bitte ich euch heute, bitte geht wieder zu meinem Sohn. Er wartet mit Seiner ganzen Liebe auf euch. Geht zu Ihm, betet Ihn an, Er liebt euch doch so sehr und wartet, dass ihr kommt. Sein Herz ist betrübt. Ihr könnt Ihm Freude schenken, wenn ihr dieser Bitte folgt."

90 Vermutlich als Zeichen für die Quelle, dass diese in Ordnung ist.

91 Daraufhin war M. nicht bereit es gleich zu tun, weil sie mit anderen Menschen über den Gehorsam, auch der weltlichen Obrigkeit gegenüber, gesprochen hatte und dies wegen der Umstände als einen Akt des Ungehorsams empfunden hätte, woraufhin J. ihr sagte, dass sie warten sollten bis die Muttergottes ihnen genaue Anweisungen geben würde.

92 Maria schickte später die Seherinnen in die Kapelle, in der Sie dann erschien.

Maria d. J.:

"Er hat sich, aus Liebe für euch, im Tabernakel eingeschlossen. Er ist klein geworden, ganz klein, so dass Er in euch einkehren kann, aber Er wünscht von euch reine Herzen. Herzen, die Ihn lieben, Herzen, die sich nach Ihm sehnen, Herzen, die vor Liebe glühen. Wieviel Kälte findet Er heute in der Welt! Wieviel Kälte, die Sein Herz schmerzt.

Oh Kinder, wenn ihr wüsstet wie groß Sein Schmerz ist, dass man Seine Liebe in diesem Sakrament der Hl. Eucharistie so verschmäht. Er wartet den ganzen Tag auf euch. Die Kirchen sind leer und Er ist einsam. Er ist so einsam, dass ihr es euch nicht vorstellen könnt, denn Seine Liebe ist so groß zu euch. Er wartet auf euch jeden Augenblick des Tages. Wie wenig denkt ihr an Ihn. Er denkt jeden Augenblick an euch.

Besucht Ihn in der Kirche! Lasst Ihn nicht allein! Seine Sehnsucht ist so groß."

Maria d. C.:
"Meine Kinder, Ich schenke euch heute ein Gebet, damit ihr dem Herzen Jesu Freude bereiten könnt:

O Jesus,
ich liebe Dich so sehr.
Nimm mich,
nimm mein ganzes Sein.
Führe mich zu Dir!

O Jesus,
Dein Kind möchte ich sein.
In Freud und Leid,
lass mich bitte nie allein!

O Jesus,
ich liebe Dich so sehr,
Nimm mein Herz,
denn ich möchte teilen
Deinen großen Schmerz!

O Jesus,
Ich liebe Dich so sehr.
Nimm alles von mir weg,
was mich hindert
auf dem Weg zu Dir!
Amen."

"Das ist der erste Teil meiner heutigen Botschaft. Ich wünsche jetzt, dass ihr wieder vor die Grotte geht und betet. Ich werde noch einmal kommen."

C.:
"Bei dem "Ehre sei dem Vater..." ... fängt die Taube an über den Menschen zu schweben und streut Blumen."[93,94]

C.:
"Sie ist noch nicht da, es ist nur die Taube da... die Taube mit den Blütenblättern und Engel. Sie ist noch nicht da. Aber die Taube steht immer noch da mit den Blütenblättern. Sie ist wieder zurückgekehrt und steht da.
Und über der Taube sehe ich das leuchtende Kreuz mit Rosenranken. Von diesem gehen jetzt lauter Stahlen aus. Auf die Taube und weiter auf die Menschen - auf alle Seiten.[95]

Oh, ist das schön!

93 Diese und die nachfolgenden Ereignisse vollzogen sich vor der Grotte.

94 J. fragte: "Blätter?" C. sagte: "Ja."

95 Maria wünschte wieder den priesterlichen Segen für die Erscheinungsstelle und die Seherinnen.

Also, es ist jetzt so, dass die Taube da ist und darüber halten, wie letztes Mal, Engel eine Krone... aus Blättern, ich kann es nicht genau erklären, wie ein Fronleichnamskranz. Und über dem Ganzen ist das Kreuz mit den wunderschönen Strahlen. Es ist so schön."

"Unter der Taube ist jetzt ein strahlendes Herz, ein Herz mit einer Dornenkrone."

M.:
"Die Muttergottes ist jetzt unterhalb der Taube. Sie legt den Kopf zur Seite. Ich sehe im Moment nur Sie, wie in einem Lichtstrahl. Unterhalb der Taube, als würde ein Licht durch Sie durchgehen. Und Sie senkt manchmal den Kopf, dann lächelt Sie und legt den Kopf zur Seite. Die Taube hat ganz viele Strahlen, aber nach unten ausgesandt und dann kam Sie... wunderbar!"

C.:
"Sie hat gesagt, dass Sie uns zeigen wollte, dass Sie uns zu Ihrem Sohn führen möchte.
Ich glaube, dass Sie noch etwas sagt.

Maria d. C.:
"Meine Kinder, ich möchte euch auch heute bitten, euren Nächsten zu lieben. Ich möchte bitten, dass ihr wieder verzeihen lernt.

Lernt zu verzeihen und dem, der euch Unrecht getan hat, die Hand wieder zu reichen. Ihr müsst euren Stolz überwinden lernen. Der Stolz ist ein Mittel des Widersachers. Ihr müsst lernen euren Stolz zu überwinden, ihn nicht in euer Herz zu lassen. Ihr müsst mit Liebe euer Herz bestücken. Stolz hat darin keinen Platz. Denkt an die Worte, die mein göttlicher Sohn am Kreuz sprach."

Maria d. J.:
"Meine Kinder, ihr werdet den Stolz nie ganz aus eurem Herzen reißen können, denn er ist eigentlich ein Stück von euch. Ihr müsst euch nur jeden Augenblick bemühen, ihm keine Chance zu geben. Der Stolz ist der Ursprung einer jeden Sünde. In jeder Sünde findet ihr, wenn ihr sie betrachtet, den Stolz. Ihr dürft dem Stolz nicht nachgeben, gebt ihm keinen Raum in euren Herzen. Euer Herz soll ganz allein durch mich, eurer Mutter, Jesus und damit Gott gehören. Gott hat dieses, euer Herz, geschaffen für die Liebe. Zum einen für die Liebe, die Er in euer Herz schenkt und zum anderen, dass ihr diese Liebe, die ihr von Gott erhaltet, an euren Nächsten weitergebt. In jedem Menschen wohnt Jesus Christus, in jedem Menschen lebt Er erneut, in jedem Menschen leidet Er erneut. Denkt daran, gebt eurem Herzen immerdar die Richtung auf Gott hin. Nichts darf euren Weg auf Gott hin

verhindern, nichts darf euch aufhalten, immerdar muss euer Herz durch die Liebe zum Nächsten und die Liebe zu Gott, auf Gott hin, ausgerichtet sein. Ihr müsst Gott um Seiner selbst willen lieben und den Nächsten um Gottes willen. Liebt meine Kinder! Ihr sollt nicht hassen. Der Hass ist das Zeichen des Widersachers. Die Liebe ist das Zeichen Gottes. Gott ist die Liebe und Er will und erwartet von euch eure Liebe.

Meine Kinder, liebt euren Nächsten und liebt Gott. Das ist eure Aufgabe."

C.:
"Sie hat gerade gesagt: *"Und ich möchte euch noch sagen, greift die Gottgeweihten nicht an, betet für sie, aber greift sie nicht an. Ihr müsst für sie beten und versuchen, eure Liebe ihnen zu schenken. Das wünsche ich von euch."*

M.:
"Kann man schwer sagen, vielleicht fünf.[96]
...Sie schaut auch das Jesuskind an. Sie umarmt Ihn, Er umarmt Sie."

[96] auf die Frage von J., wie alt das Jesuskind wohl sei.

C.:
“Bevor Sie ging, hat Sie noch gesagt, dass Sie mit uns noch den Kreuzweg gehen möchte...”

C.:
“Betend!”[97]

“Ja, aber Sie hat auch gesagt, dass Sie weiß, dass viele gehen müssen, die einen weiten Weg haben und deshalb sagt Sie jetzt, wann Sie wiederkommt. Sie richtet sich in Ihrem Datum nach dem göttlichen Plan.

Ich habe jetzt dreimal dasselbe Datum bekommen. Dreimal.”

C.:
“Sie hat dreimal gesagt, ich habe Sie wiederum gefragt: *“Ich komme wieder am 5. September nachmittags.”*[98,99,100,101]

97 auf die Frage von J., ob betend.

98 M. hat es auch öfters gehört.

99 M. hat auch noch abends verstanden und am 6.September.

100 Ein Priester sollte wieder segnen.

101 Anschließend wurde, auf Wunsch der Gottesmutter, der Kreuzweg gebetet.

Maria d. C.:
"Meine Kinder!
Bitte nehmt das Geschenk an, das ich euch heute bringen durfte. Zum einen die Botschaften und zum anderen das Gebet. Betet es mit Liebe im Herzen, denn es freut meinen Sohn, meinen göttlichen Sohn so sehr, von euch zu hören, dass ihr Ihn liebt. Ich weiß, dass der Weg, der zu Gott führt, nicht der einfache Weg ist. Deshalb bin ich mit euch den Kreuzweg jetzt hinaufgegangen, damit ihr seht, wie groß das Leiden meines göttlichen Sohnes war. Aber Sein Leiden ist noch nicht vorbei, denn Er muss sehen, dass die Kirchen leer sind und dass Seine Kinder nicht zu Ihm kommen. Deshalb betet das Gebet, das ich euch schenken durfte. Es macht Ihm soviel Freude."

C.:
"Ich sehe Sie jetzt nicht, aber ich sehe, wie aus den Wunden Jesu Christi Blut herunterläuft. Es sind Engel da, die das Blut in Kelchen auffangen. Für jede Wunde ist ein Engel da und jeder Engel sammelt das Blut, fängt das Blut auf in einem Kelch."

Maria d. J.:

"Dieses kostbare Blut, meine Kinder, ist für euch geflossen. Es fließt auch heute noch für euch im heiligen Messopfer, die unblutige Erneuerung des Kreuzopfers Jesu Christi.
Meine Kinder, Er wartet auf euch. Opfert euch mit Ihm zusammen auf für die Rettung der Welt, opfert euch, denn die Welt hat ein schweres Kreuz zu tragen und es sind so wenige, die dabei helfen. Jesus hat alles Leid durch Sein Leid für euch getragen. Wenn es euch schwer wird, so schaut auf Ihn, wenn es euch schwer wird, folgt Ihm nach. Nehmt das Kreuz auf eure Schulter und tragt es, so werdet ihr Jünger Jesu sein. Ein Jünger Jesu kann nie ohne Kreuz sein, denn der Weg meines Sohnes war auch ein Kreuzweg und es war der Kreuzweg, der euch erlöst hat. Ihr, meine Kinder, müsst wieder lernen, dieses Leiden, das Er für euch erlitten hat, mitzuleiden in euren Herzen und Ihn um so mehr zu lieben, denn Er hat all dies, für euch, aus Liebe getan.
Liebt also, meine Kinder, das heilige Messopfer, besucht es, so oft es euch möglich ist. Nehmt teil in der Weise, dass ihr euch mit Ihm opfert, so wie ich vorhin schon sagte: für die Bekehrung der Sünder und für den Frieden in der Welt."

C.:
“Jetzt läuft kein Blut mehr und zwar sind jetzt überall an den Wunden... Strahlen, ganz helle Strahlen, die ausgehen. Fast wie Gold...”

Maria d. J.:
“Diese Strahlen versinnbilden die Gnaden, die euch vom Kreuz aus gegeben werden. Diese Gnaden sollen euch stärken, den Weg des Kreuzes weiterzugehen, euer Kreuz weiterzutragen aus Liebe. So wie Er es für euch aus Liebe getragen hat.”

Maria d. C.:
“Habt keine Angst meine Kinder, ich liebe euch!”

M.:
“Ich sah die Muttergottes schon bevor wir hier hochgekommen sind bei der Kreuzgruppe stehen, da wollte ich hochlaufen. Aber Sie hat gesagt: ‘Nein, zuerst den Kreuzweg beten’.
Auf dem Kreuzweg war Sie teilweise sichtbar, ganz kurz und auch jetzt und Sie hat mich aufgefordert zu beten.

Sie sagt, wir müssen ans Wasser...”

C.:
"Ich muss dazu sagen, dass Sie vorhin gesagt hat, dass wir nachher an die Quelle gehen, uns waschen und auch davon trinken sollten, dass hat Sie ganz am Anfang schon gesagt. Und da sind wir jetzt hingeführt worden und haben das gemacht. Und Sie sagt: '*Es ist alles im göttlichen Plan, habt keine Angst, meine Kinder*'.

Sie sagt, dass der Priester den Segen geben soll, als Abschluss."

M.:
"Sie hat sich kurz da gezeigt und hat sich mit uns gekniet, als er gesegnet hat und hat auch das Kreuzzeichen gemacht, genau wie die Leute."

Die Botschaft vom 30. August
(außerhalb der Erscheinungstage)

Maria d. M.:
"Mein letzter Erscheinungstag wird ein Sonntag sein; ich werde dann an mehreren Orten mehrmals erscheinen. Ich werde dann ein Wunder des Herzens wirken, also kein sichtbares Zeichen geben wie etwa in Fatima;... überall, wo ich erscheine, wird ein wunderschöner Lichteinfall sein, den die Glaubenden begreifen werden. Ich werde auch viel Weihrauch und Rosenduft verströmen lassen... Deutschland wird sich sehr spät bekehren... Euch erwartet viel Leid, aber ihr werdet es ertragen können."[102,103]

[102] M. hat diese Botschaft ausserhalb der Erscheinungstage von Marpingen bekommen.
[103] Diese Botschaft wurde zur Zeit der Ereignisse noch nicht veröffentlicht, wegen einer drohenden sich falsch zu entwickelnden Neugier.

Die Botschaften vom 5. September

C.:
“Es sind wieder Engel da, um die Grotte.[104]
... die weisse Taube ist da und sie schwebt über der Grotte. Und es gehen ganz viele Strahlen davon aus und die Blütenblätter hat sie schon wieder dabei.
... Überall gehen Strahlen aus, nach allen Seiten... von dieser Taube... in alle Richtungen... oben, unten, nach hinten, nach vorne, überall goldene Strahlen. Wunderschön!”

M.:
“Um Sie herum sind Strahlen, so wie bei der Sonne, die Taube ist in der Mitte und bewegt sich. Sie ist ganz groß. Es ist nicht nur eine kleine Taube, sondern sie wirkt viel größer und drum herum sind Strahlen, wie bei der Sonne, aber viel schöner, viel viel schöner noch. Oder wie bei

[104] Auf dem Weg nach Marpingen sah C. an diesem Tag wieder das Leuchtkreuz mit Rosenranken und darunter voller Freude: Pater Pio, Bernadette, Schwester Blandine, den Hl. Pfarrer von Ars, Jeanne d’Arc, Domenico Savio, Don Bosco, Therese von Lisieux und Anna Schäfer. Dann kam das Jesuskind mit ausgebreiteten Armen und zeigte Sein Herz, dass sich dann golden verfärbte und von dem Lichtstrahlen ausgingen.

einer ganz schönen Monstranz. Da sieht man das manchmal auch. Sie drehen sich leicht und bleiben jetzt stehen. Und jetzt strahlen sie alles in die Menschenmenge."

Maria d. C.:
"Meine Kinder!
Meine Kinder, ich freue mich sehr, dass ihr meinem Ruf gefolgt seid und hierher gekommen seid. Ich liebe euch alle und schließe euch in mein Unbeflecktes Herz. Es soll eure Zufluchtsstätte sein und eurer Trost.
Ich bin von meinem Sohn an diesen Ort geschickt worden. Als letzte Mahnung für Deutschland. Bekehrt euch, meine Kinder! Bekehrt euch!
Die Gnaden der Bekehrung stehen vom Himmel bereit, aber ihr müsst sie annehmen. Jede Gnade der Bekehrung, die von euren Herzen abgestoßen wird, ist wie ein Pfeil, der in das Herz meines göttlichen Sohnes trifft und Ihn schwer verwundet und traurig stimmt. Nehmt die Gnadenflut an, die der Himmel zu euch schicken möchte! Sie steht bereit! Betet! Betet! Und bekehrt euch! Betet den Rosenkranz! Besucht meinen Sohn in der Kirche! Empfangt die Sakramente! Seid treu dem Papst! Beichtet!
Der Widersacher ist so stark, aber am Ende wird mein Unbeflecktes Herz triumphieren. Habt keine Angst meine Kinder, es ist alles im göttlichen

Plan!"

Maria d. J.:

"Meine Kinder, ich komme heute, um von euch, die ihr hier seid und allen meinen Kindern in Deutschland, Deutschland zu fordern. Ihr müsst beten, Buße tun und ihr müsst mit mir zusammen Deutschland für den Himmel zurückgewinnen. Deutschland ist so weit von Gott entfernt. Es geschehen am Tag so viele Sünden. Die Sündenflut, die allein von Deutschland zum Himmel steigt, würde schon die Gerechtigkeit Gottes herabfordern. Meine Kinder, ich komme, um euch zu bitten, mir zu helfen. Ihr könnt nicht verstehen und ich glaube auch, dass ihr es nicht erahnen könnt, wie groß mein Schmerz ist, sehen zu müssen, wie der Teufel in Deutschland sein Spiel gewinnt, weil ihr Menschen auf ihn hört. Ihr dürft euch nicht ihm überlassen! Ihr seid von Gott geschaffen für den Himmel und ich erwarte von euch, dass ihr mir helft, Deutschland für den Himmel zurückzugewinnen. Ihr müsst beten, ihr müsst mir vertrauen, ihr müsst mir eure Familien, eure Gemeinden, euer Land, also ganz Deutschland jeden Tag weihen. Die Weihe an mein Unbeflecktes Herz, an das Herz, das eure Zuflucht ist, an das Herz, das euch in Sehnsucht erwartet, an das Herz, das für euch schlägt.

Ich bringe alle eure Anliegen, die ihr mir stellt,

jeden Augenblick vor Gottes Thron. Ich sage Ihm auch meinen Schmerz, aber Sein Herz ist ebenso wund wie meines, wenn Er auf Deutschland blickt. Noch, meine Kinder, noch blickt Er mit der Barmherzigkeit und mit der Liebe Seines Herzens auf euch. Aber, wenn ihr euch nicht bessert, wenn ihr nicht umkehrt, wenn ihr nicht wieder Gott liebt, euch nach den Geboten Gottes richtet, nach den Geboten der Kirche lebt, dann weiß ich nicht, ob ich den strafenden Arm Gottes aufhalten kann. Meine Kinder, ich flehe euch an, ich bitte euch nicht, ich flehe euch heute an: Helft mir! Helft mir, es ist so an der Zeit! Ich habe Eile, ich habe keine Zeit mehr! Es ist so spät! Ihr müsst endlich alle aufwachen! Ihr müsst endlich! Es gibt kein Zögern mehr. Es gibt kein Aufschieben, kein Warten mehr. Ihr müsst endlich Ernst machen in eurem eigenen Leben! Und so mit mir gemeinsam Deutschland retten. Meine Kinder, ich liebe euch so sehr. Ich liebe euch so sehr. Aus diesem Grunde hat Jesus mich hierher geschickt. Aus diesem Grunde flehe ich heute zu euch. Es ist keine Bitte mehr. Es ist ein Flehen."

Maria d. C.:
"Diese Worte gelten nicht nur für meine Kinder in Deutschland. Sie gelten für die Kinder in der ganzen Welt. Bevor in der Welt Friede herrscht, muss zuerst der Friede in die einzelnen Länder

einziehen und dieser Friede zieht ein mit dem Triumph meines Unbefleckten Herzens.
Ich bin aber auch heute gekommen, um euch noch meinen Wunsch mitzuteilen. Ich wünsche, dass hier an diesem Orte ein Heiligtum entstehe zur Ehre der Heiligsten Dreifaltigkeit. Es ist alles im göttlichen Plan und ich werde alles lenken. Habt keine Zeit! Ich habe keine Zeit! Ich werde alles lenken, habt ihr keine Angst. Es ist alles im göttlichen Plan.
Auch das Pater-Pio-Haus zählt zu diesem Heiligtum.[105] *Pater Pio, mein vielgeliebter Sohn, war schon vor Jahren, Zeit seines Lebens, mein Werkzeug und auch mein Werkzeug für Marpingen.*[106,107]
Habt keine Angst, meine Kinder! Ich bin immer bei euch und ich liebe euch von ganzem Herzen. Ich werde alles lenken.
Ich stehe im Gehorsam mit Gott, Eurem Vater. Denkt daran: Ich komme als Mutter für alle. Ich bin die Unbefleckt Empfangene und Mutter aller."

[105] Das ist das Haus in Marpingen, wo eine Gemeinschaft lebt.

[106] Deutlich wird hier, wie z.B. eine Kirche, die einem Seligen oder Heiligen geweiht ist, auch von ihm begleitet wird.

[107] M. sah Pater Pio kurz bei der Gottesmutter als Sie das sagte und wies noch kurz darauf hin, dass Sie alles mit viel Liebe, aber teilweise auch traurig sagte.

C.:
"... Sie wünscht, dass Priester kommen, uns segnen, alle um uns herum segnen und die Stelle segnen, wo Sie steht. Mit Weihwasser, mit viel Weihwasser."[108,109]

Maria d. C.:
"Meine vielgeliebten Söhne kommt zu mir. Ich trage all eure Ängste in meinem Unbefleckten Herzen und lasse euch nie allein in eurem schweren Kampf. Seid getröstet, ich bin immer bei euch."

Maria d. J.:
"Meine Kinder, ich werde heute viel helfen können. Ich kann euch nicht sagen, wem ich helfen will, aber es wird vielen geholfen werden. Ihr müsst mir vertrauen. Ihr müsst Mut haben und ihr müsst euer ganzes Vertrauen in mein

108 Immer wieder wünscht Maria den Segen. Er ist so wichtig gegen das Wirken des Feindes.

109 C. sah das Jesuskind wieder mit dem Priester segnen.

Unbefecktes Herz legen. Weiht mir eure Kinder jeden Tag.[110,111] *Ich liebe die Kinder. Alle, die hier sind, ich liebe sie, so wie Jesus sie liebt. Und ich erwarte, dass die Kinder zu mir kommen. So wie Jesus gesagt hat, lasset die Kindlein zu mir kommen und wehret es ihnen nicht."*[112,113]

Maria d. C.:
"Habt Vertrauen, meine Kinder. Ich weiß, dass einige von euch sehr verzweifelt sind, aber ihr müsst mir vertrauen und alles in mein Unbefecktes Herz legen. Ich sage es noch einmal: Ich bin die Unbefleckt Empfangene und die Mutter aller. Verinnerlicht alles, was ich sage in euren Herzen, es ist so wichtig. Ich komme wieder."

Maria d. J.:
"Ich bin heute wieder mit den Kindern gekommen, Marion hat sie schon beschrieben. Ich bin

110 Ein anwesender kranker und schreiender Junge wurde zuvor mit seiner Mutter zu den drei Seherinnen gerufen.

111 C. sah das Jesuskind kurz vor der Botschaft segnen.

112 M. sah wieder zahlreiche anwesende Kinderseelen und Engel. Sie waren glücklich und sprachen teilweise auch, doch sie konnte sie nicht verstehen.

113 M. hatte noch die Mitteilung erhalten, dass sie nachher den Kreuzweg hinaufgehen sollten.

gekommen, um euch wiederum aufzufordern mir zu helfen, dass dieses Töten in eurem Land auf hört. Dieses Töten schreit zum Himmel. Es ist etwas, was Gott sehr viel Schmerzen bereitet. Was das Herz Gottes mit sehr vielen Wunden übersät. Das Herz Jesu blutet. Es blutet aus Schmerz über dieses Tun, das ihr Menschen da vornehmt. Ihr dürft nicht in den Schöpferakt Gottes eingreifen, in dem Gott euch Menschen einbezogen hat! Ihr dürft es nicht tun! Betet viel, dass euer Land aufhört, die vielen Kinder zu töten. Die Kinder sind zwar bei uns im Himmel, aber die Menschen, die das tun, die sind in Gefahr auf ewig verloren zu gehen.

Diese Wunde des Herzens Jesu ist so groß. Ihr könnt es nicht wissen, ihr könnt es nicht erahnen. Darum komme ich, um es euch zu sagen. Ich sage es euch heute und - wie ich es schon sagte - ich fordere euch auf mit diesem Tun aufzuhören. Denn ich weiß nicht, wie lange die Barmherzigkeit Gottes und die Liebe Gottes noch warten, bevor das Strafgericht auf euch herabrieselt. Gott kann dieses Tun nicht anders als bestrafen, wenn ihr nicht aufhört diese Sünde vor Gott zu tun.

Betet, meine Kinder, betet viel, seid gehorsam und lebt nach den Geboten Gottes! Es ist die Richtschnur und der Weg zum Himmel. Es ist das Fundament eures Glaubens und dieses

Fundament müsst ihr alle wiederfinden - alle. Darum bin ich gekommen, um euch diese Dinge in Erinnerung zu rufen. Alle Grundwahrheiten des Glaubens, die man früher kannte und (die) *heute so in Vergessenheit geraten sind. Lebt es wieder, lebt den Glauben, lebt die Gebote Gottes und tut, was Gott von euch erwartet.*
Ich liebe euch, meine Kinder!"[114]

C.:
"Das Jesuskind hat wieder das goldene Herz, von dem ganz viele Strahlen ausgehen, überall, nach hinten, nach vorne, über die Grotte hinaus, nach links, überall hin gehen die Strahlen. Sie sind ganz golden. Aus dem Herzen des kleinen Jesuskindes. Es lächelt und ist ganz schlicht, ganz schlichtes weißes Kleid. Und es hat lockiges, leicht lockiges halblanges Haar und so schön. Es hat so ein schönes Antlitz. Es hebt jetzt die Hand. Es dreht sich und segnet auch, nach allen Richtungen und es lächelt so sehr, ganz lieb.
Jetzt ist die Grotte lichtumflutet und überall sind Engel. Die Muttergottes ist da mit dem Jesuskind und lauter Engel. Und jetzt sehe ich nichts mehr."

[114] C. sah Maria wieder. Sie breitete die Hände aus und sagte, dass Ihr göttlicher Sohn alle wieder segnen wolle, durch einen Priester.

M.:
"Und die Engel halten irgendetwas. Es sieht aus wie ein Bogen, so grüne Blätter gehen um die Muttergottes und dem Jesuskind und die Engel halten das, wie so einen Bogen, wo Sie drinstehen. Ich kann das nicht so genau beschreiben.
Ja genau und daraus kommt das Licht.[115] Ganz helles Licht. Und die Taube ist oben drüber. ... Und die Taube ist im Herzen von dem leuchtenden Kreuz. Das geht alles ineinander über.
Es ist wunderschön. Die Taube dreht sich wieder. Das Kreuz geht weg und dieses Runde, diese Strahlen sehen aus wie eine Monstranz, die sich dreht. Aber ich sehe das alles so durchsichtig. Die Taube aber auch irgendwie dreidimensional, aber durchsichtig.[116] Die Muttergottes sehe ich deutlicher."

Maria d. C.:
"Meine Kinder, seht ihr jetzt, dass alles im göttlichen Plan ist. Gott lenkt alles. Es ist alles in Seinem Plan und steht schon seit Jahrhunderten fest, wie ich es euch schon einmal gesagt habe. Habt keine Angst! Ich trage euch in meinem

[115] Auf die Frage von J., ob es aussieht wie ein Torbogen.

[116] C. wollte am liebsten mit in den Himmel gehen, sie hatte richtige Sehnsucht.

Unbefleckten Herzen. Eure Ängste und eure Sorggen, alles trage ich mit euch und bin bei euch.[117] *Ihr seid in meinem Heiligtum.*"[118,119,120,121,122]

Maria d. C:
"Meine Kinder, ich habe euch heute noch zu später Stunde hier heraufgeführt, um euch etwas zu verdeutlichen.[123] *Seht diese Station. Könnt ihr euch vorstellen wie groß und tief mein Schmerz war,*

117 M. sah Maria zwischendurch kurz lächelnd mit Rosenkranz. Sie sah auch, dass Sie kniete, als ein Priester segnete.

118 Diese Erscheinung fand im Pater-Pio-Haus statt.

119 M. sah die Taube über Maria und eine Lichtsäule und Pater Pio zeigte sich.

120 C. und M. spürten einen großen inneren Frieden - himmlische Ruhe.

121 Maria d. C.: *"Ich lege das Werk, was das Pater-Pio-Haus betrifft, in seine Hände, Don Domenico. Alles, was er tut, ist im göttlichen Plan. Er handelt so, wie der Himmel es wünscht. Ich führe ihn. Und Pater Pio ist immer auch an seiner Seite, das weiß er."*

122 M. spürte Maria, sah Sie aber nicht.

123 Die Erscheinung fand am Abend, als es schon dunkel war, statt. Maria hatte die drei Seherinnen und die Anwesenden den Kreuzweg im Hartelwald, der von bergan geht, hinaufgeführt. An der 13. Station (Jesus wird in den Schoß seiner Mutter gelegt) erschien Sie.

als ich meinen vielgeliebten Sohn in den Armen hielt? Geschunden, angespuckt, verspottet? Könnt ihr euch vorstellen, welch große Qual es war, ihn in meinen Armen zu halten. Diesen unglaublichen Schmerz, ich kann ihn euch nicht beschreiben. Versucht vorzustellen, euch vorzustellen, wie dieser Schmerz sein kann. Denn so groß ist mein Schmerz, wenn meine Kinder sich nicht von mir zu meinem göttlichen Sohne führen lassen. Es trifft mich jedes Mal so schwer, wenn ein Kind sich nicht führen lässt von mir. Ich breite meinen Mantel aus und will euch zu mir nehmen und zu meinem göttlichen Sohne führen. Kommt doch zu mir! Er ist euer Heil. Ich flehe euch heute an! Ich bitte nicht, ich flehe, wie ich es schon vorher getan habe. Kommt zu mir, damit ich euch zu meinem Sohne führen kann. Er liebt euch so sehr und wartet auf eure Rückkehr.[124,125]

[124] Zuvor sagte Maria d. C.:

"Ich wünsche, dass ihr jetzt nochmal den Kreuzweg hinaufkommt.

[125] Maria hatte den Kreuzweg begleitet, sagte M. und dass Sie wartete bis der Priester zuende gebetet hat

Denkt auch an das Gebet, das ich euch hier geben durfte. Betet es! Mein Sohn freut sich so sehr, wenn ihr betet. Kommt zu mir, damit ich euch führen kann! Vertraut mir, wie ein kleines Kind! Ich bin eure Mutter, es sind keine leeren Worte. Ich bin eure Mutter! Mehr noch: Ich will es verdeutlichen, eure Mama, eure himmlische Mama! Kommt zu mir!"

Maria d. J.:
"Ich möchte euch auch bitten, das Leiden Christi, das wir jetzt gemeinsam betrachtet haben, und ich war bei euch den ganzen Weg, bis hierher. Wir haben es betrachtet und ich möchte, dass ihr es oft betrachtet: beim Beten des Kreuzweges, aber auch in der Welt. Denn mein Sohn leidet heute noch in der Welt, in den Menschen, die euch begegnen, in den Leidenden, in den Kranken. Nehmt euch dieser Menschen besonders liebevoll an, denn ihr dient in diesen Menschen Jesus, meinen Sohn. Versucht auch, mein Leid, den Schmerz meines Herzens zu erforschen, den ich in meinem Herzen trage, wenn ich auf diese Welt, auf die Menschen und auf ihr Tun schaue. Das Leiden meines Sohnes wiederholt sich. Mit jedem Menschen, der sich von meinem Sohn abwendet, wird mein Schmerz größer. Tröstet mich, meine Kinder, zieht die Dornen aus meinem Herzen, die die Welt heute so fest hineindrückt. Nehmt sie

heraus durch eure Liebe zu meinem göttlichen Sohn und auch zu mir. Ich liebe euch so unendlich. Auch Jesus liebt euch. Er blickt auf euch mit einem liebenden Angesicht. Er wartet auf euch, dass ihr Ihn tröstet. Er wartet auch darauf, dass ihr mich tröstet, denn unsere Herzen tragen den gleichen Schmerz, den Schmerz der Einsamkeit, den Schmerz der Traurigkeit und den Schmerz, euch in diesem Sündenpfuhl zu sehen. Ihr müsst mir helfen, die Menschen alle aus ihrem Sündenpfuhl herauszuziehen. Ich habe nicht mehr viel Zeit, meine Kinder. Habt keine Angst! Nehmt immerdar meine Hand! Wisst euch jeden Augenblick in meiner Nähe. Ich bin jeden Augenblick da. Vertraut mir! Und folgt meinen Worten!"

Maria d. M.:
"Aber, um meine Botschaft richtig zu verstehen: Ich spreche nicht von einem Weltuntergang."

Maria d. C.:
"Meine Kinder, nehmt meine Botschaften, die ich euch an diesem Orte geben darf, von Gott aus, als Geschenk an. Es ist ein großes Geschenk, dass ich euch diese Botschaften geben darf.
Denkt immer daran, dass ich euch von ganzem Herzen liebe, dass ich immer mit euch bin. Nehmt die Geschenke Gottes an, öffnet eure Herzen! Es

ist wahr, mein Sohn hat mich geschickt, als letzte Mahnung für Deutschland."

Maria d. M.:
"Aber man kann alles abwenden durch Liebe und Gebet zu meinem Sohn und zu mir."

Maria d. C.:
"Ich danke euch noch einmal, dass ihr hierher gekommen seid. Betet den Kreuzweg zuende, ich komme morgen wieder. Ich liebe euch, meine Kinder."

Maria d. M.:
"Ich liebe euch so sehr.
Ich werde im Oktober wiederkommen."

Die Botschaften vom 6. September

Maria d. C.:

"Meine Kinder, ich bin heute wieder gekommen, um euch nochmals zum Gebet einzuladen und um euch zu verdeutlichen, dass mein Auftrag hier sehr wichtig ist.[126]

Ihr müsst meine Worte, die Botschaften, die ich euch vom Herrn bringen darf, verinnerlichen. Jedes Wort ist eine Gnade, die ich bringen darf. Für viele hören sich die Worte sehr einfach an, aber die Umsetzung, das ist das Schwere und ich möchte euch dabei helfen. Seid gewiss, dass ich euch nie alleine lasse.

Meine Kinder, habt keine Angst. Ich führe euch. Erinnert euch an meine Wort oben an der 13. Station des Kreuzweges. Mein Schmerz ist doch so groß, weil sich die Kinder nicht zu meinem Sohne führen lassen. Ich muss es euch immer und immer und immer wieder sagen: Kommt zu mir her, damit ich euch zu meinem Sohn führen kann! Und weil ich euch so sehr liebe, werde ich es immer und immer und immer wieder sagen und ich werde nicht nachlassen euch für meinen Sohn

[126] Zuvor waren die drei Seherinnen von der Polizei und Ordnungskräften nicht zum Erscheinungsort gelassen worden. Sie mussten einen großen Umweg mit vielen Hindernissen gehen. Hier kommt ein Widerstand übernatürlicher Weise zum Ausdruck, den der Weg des Evangeliums in der Welt erlebt (verursacht durch den Widersacher). Der Himmel lässt diese Dinge oft zu und wir müssen sie ertragen.

zu gewinnen. Denn ich bin eure Mutter. Ich werde des Flehens nicht müde."

Jesus d. C.:
"Ja, es ist wahr, dass ich meine Mutter zu euch gesandt habe.
Amen, ich sage euch, hört auf meine Mutter. Nur durch Ihr Unbeflecktes Herz gelangt ihr zu mir."

Jesus d. M.:
"Ich will, dass ihr aus Liebe zu mir kommt, nicht aus Angst. Aus Liebe!
Habt keine Angst. Es wird keinen 3. Weltkrieg geben. Keinen Holocaust. Mein Vater, ich und der Hl. Geist haben diese Welt so schön gemacht. Wir wollen sie nicht zerstören. Es sind soviele Botschaften in meinem Namen unterwegs, die nicht von mir stammen. Ich will, dass ihr aus Liebe kommt, denn ich liebe euch.
Wovon meine Mutter gestern sprach - das ist mein großes Leid - mein größtes Leid ist es, wenn ich euch selbst überlassen muss, wo ich euch so gern führen würde. Doch ich lasse jedem die Freiheit, für oder gegen mich zu entscheiden, aus Liebe."

Jesus d. J.:
"Ihr müsst lernen, dass ich ein lieber Gott bin. Ich bin kein strafender Gott. Ich liebe euch Menschen unendlich. Ich habe so vieles für euch

getan. Ich habe für euch gelitten. Ich habe gelitten und diesen Weg gewählt, um euch zu zeigen, wie sehr ich euch liebe. Lasst dieses mein Leid nicht nutzlos sein! Lasst es nicht auf kalte Herzen stoßen! Lasst mich eure Herzen entflammen mit der Liebe, für die ich eure Herzen geschaffen habe! Ich trage euch alle in meinem Herzen, obwohl ihr es so sehr verwundet. Ich liebe euch so sehr, obwohl ihr mich nicht liebt. Ich komme zu euch, weil ihr nicht zu mir kommt. Ich komme zu euch, um euch zu sagen: Folgt mir! Folgt mir nach, es ist der Weg zum ewigen Leben! Es ist der Weg der Liebe, den ich für euch bestimmt habe. Ich beuge niemals den Willen eines Menschen. Ich beuge ihn nicht, ich erwarte von euch, dass ihr mit Liebe kommt. Ich stehe vor euch in Liebe. Mein Herz glüht vor Liebe, die Strahlen meiner Liebe durchdringen euer Herz, wenn ihr es öffnet. Macht bitte euer Herz auf, verschließt es nicht vor mir. Ich liebe euch und ich möchte nicht, dass ihr verlorengeht. Wir, der Vater, der Hl. Geist und ich, wir haben euch geschaffen für den Himmel, für das ewige Leben und haben euch die Freiheit geschenkt, selbst zu entscheiden, was ihr tun wollt, welchen Weg ihr gehen wollt und was euer ewiges Leben darstellt. Ich habe in der Hl. Schrift so oft von der Hölle gesprochen und heute: Man liest es, aber man glaubt es nicht mehr. Es gibt eine Hölle! Es gibt eine ewige Verdammnis, aber wir, der Vater und der Hl. Geist und ich, wir wollen euch nicht da sehen. Wir wollen euch alle bei uns im Himmel haben, in der ewigen Glückseligkeit, in der ewigen Anschauung des Vaters.

Folgt meinen Geboten! Folgt der Lehre der Kirche! Lest oft in der Hl. Schrift, es sind die Worte Gottes an euch! Es ist die frohe Botschaft, die euer Herz mit Freude erfüllen soll. Wenn ihr dies tut, braucht ihr keine Angst zu haben vor der Hölle, denn dann wandelt ihr zum Licht. Wenn ihr zum Licht wandelt, wandelt ihr zu uns. Lasst mein Flehen nicht umsonst sein. Ich flehe euch nämlich heute an und ich bin getrieben von meiner Liebe, von der Liebe, die in meinem Herzen wohnt, von der Liebe, die ich so gerne in euer Herz aussenden möchte. Öffnet eure Herzen für die Gnaden, die bereitstehen, ernst in eurem Leben zu machen mit dem Weg der Nachfolge, der Nachfolge meines Kreuzweges! Das Leben ist ein Kreuzweg, es ist eine Brücke zum Himmel. Es ist eine Bewährung. Folgt meiner Bitte und lasst mich nicht allein. Auch nicht im Tabernakel, wo ich in der Gestalt der kleinen Hostie zugegen bin. Besucht mich oft in der Kirche, betet vor meinem Gefängnis, in dem ich aus Liebe zu euch ausharre. Ich habe gesagt: Ich bin bei euch, bis zum Ende der Welt.

Liebt mich, empfangt mich mit reinem Herzen.

Beichtet wieder eure Sünden. Die Sünden verwunden mein Herz. Ich vergebe jede Sünde. Die Barmherzigkeit ist so unendlich groß. Es gibt keine Sünde, die keine Vergebung finden kann. Kommt zu mir mit eurem Vertrauen! Kommt zu mir mit eurem kindlichen Vertrauen. Nehmt die Barmherzigkeit an, die aus der Liebe meines Herzens zu euch kommt. Lasst meine Worte heute nicht umsonst gewesen sein. Es ist mein Aufruf an Deutschland, es ist mein Aufruf für die ganze Welt."

Jesus d. M.:
"Die 10 Gebote sind das Amen des Universums. Die Liebe ist der letzte Zweck der Geschichte. Ihr habt zwei sehr schlimme Kriege erlebt. Ich habe dies zugelassen, um zu zeigen, was geschieht, wenn ihr euch euch selbst überlasst. Nicht ich wollte diese Kriege. Heute ist die Wissenschaft in der Lage Waffen zu bauen, die ohne weiteres die ganze schöne Erde zerstören können. Doch ich lasse dies nicht zu, da ich so viele betende Herzen vorfinde und offene Menschen. Ich lasse es nicht zu. Habt keine Angst! Ich komme als König der Barmherzigkeit und der Liebe, nicht als harter Richter. Mein Gericht besteht darin, dass ihr seht, dass ihr die Liebe zu wenig geliebt habt."

C.:
“Ich habe gehört, dass Er jetzt gerne alle hier segnen möchte. Aber Er wünscht, dass Priester nach vorne kommen und dies mit Ihm tun. Denn Er möchte verdeutlichen, dass Er immer bei jedem Priester ist und die Hand führt.”

M.:
“Ja. Also zuerst ein ganz strahlendes Gewand, durchsichtig, leuchtend.[127] Dann aber zeitweise auch als Schmerzensmann mit der Dornenkrone und einem ganz traurigen Gesicht. Und zum Schluss wieder strahlend.[128]

C.:
“Ich höre Sie wieder sprechen. Ich habe Sie ganz tief im Herzen. Sie sagt, dass ihr Sohn Sie noch ein letztes Mal hierher in dieser Zeit schicken wird. Noch ein letztes Mal darf Sie hierher kommen.”

C.:
“Sie hat gesagt, dass Sie wiederkommt. Und zwar am 17. Oktober. Das ist das letzte Mal, dass Sie hierher kommen darf in dieser Zeit.
Sie hat gesagt, man soll den ganzen Tag beten, sich vorbereiten. Sie sagt mir nur am 17. Oktober.”

[127] auf die Bitte Jesus zu beschreiben

[128] Er zeigte so Seine Empfindungen.

Maria d. C.:
"Liebe Kinder, seht ihr, wie groß unsere Liebe für euch ist? Verschmäht sie nicht! Kommt zu uns zurück!
Habt keine Angst! Ihr braucht vor nichts Angst zu haben, wenn ihr unsere Hilfe anfleht."

M.:
"Die Muttergottes, die ist ganz liebevoll. So ein bisschen lustig ist Sie und der Pater Pio, ebenfalls. Die sind richtig gut drauf im Moment, richtig lustig. Und Jesus auch - aber im positiven Sinne, richtig freundlich, lustig, gut gelaunt, voller Freude. Es ist eine unheimliche Freude, die Sie ausstrahlen, unheimlich schön."

Maria d. C.:
"Ich möchte nicht, dass ihr betrübt nach Hause geht. Ich möchte, dass ihr voller Glück die Liebe weitergebt, die wir euch schenken. Wir müssen ernsthafte Worte an euch richten, aber dies geschieht aus Liebe.
Freut euch mit mir, dass euer Herr, euch sich offenbart hat."

M.:
"Das ist eine Botschaft vor allem für die jungen Menschen und auch für ältere. Für alle! Unser

Herr hat auch Humor. Er ist voller Freude. Man kann zu Ihm sprechen, sagt die Muttergottes, wie zu einem Freund. Sie benutzt das Wort sogar, wie Kumpel, also richtig, ganz nah, voller Freude und trotzdem ist Er der Herr der Herrlichkeit. Also wunderschön, aber Er sagt:

Jesus d. M.:
"Kommt zu mir, wie zu einem Freund! Kommt zu mir! Das wünsche ich! Habt keine Angst! Kommt zu mir! Ich freue mich, ich freue mich. Ich bin immer bei euch, auch wenn ihr euch freut. Nicht nur im Leid, in beiden Situationen. Aber ich brauche beides."[129]

M.:
"... da ist eine Hostie und drumherum sind Sonnenstrahlen. Strahlen, wie Sonnenstrahlen, aber heller und schöner. Und in der Mitte der Hostie ist die Taube."[130,131]

[129] C.: "Ich sehe Sie im Moment nicht, ich höre Sie nur die ganze Zeit und dieses Gefühl, was Sie momentan hat, diese Freude, diese unglaubliche Freude und dieser Friede. So traurig ich vorhin war, so freue ich mich jetzt."

[130] Es wurde gesungen und die Muttergottes wünschte, dass weiter gesungen wird, dass Gott sich freue.

[131] M. sah wieder den Hl. Geist als Taube.

Jesus d. J.:
"Ich wünsche, dass diese Sonne, die Marion jetzt beschrieben hat, die Sonne euer Leben erhellt und erleuchtet. Es ist meine Gegenwart in der Hl. Kommunion. Es ist meine Gegenwart, so wie ich sie vorhin schon beschrieben habe. Sie leuchtet, sie strahlt und diese Strahlen möchten in eure Seelen eindringen. Es strahlt, um euch zu erleuchten, um euch den Weg zu weisen und um euch vom Herzen her mit Liebe zu erfüllen und euch in aller Kälte dieser Welt die Liebe Gottes zu zeigen. Schaut nach diesem Licht, also schaut nach mir. Ich bin der König des Weltalls, ich bin der König der Barmherzigkeit, ich bin der König der Liebe und ich möchte, dass der Triumph des Unbefleckten Herzens meiner Mutter in der Welt Einzug hält und ich möchte auch, dass gleichzeitig der Triumph, mein Triumph in der Hl. Eucharistie sich vollzieht."

Jesus d. M.:
"Ich schicke meine Mutter kraft des Hl. Geistes. Ich schicke Sie, nicht Sie sich selbst. Sie kommt Kraft des Hl. Geistes. Ich tue das nur, um euch meine Welt sichtbar zu machen. Selig sind die, die nicht sehen und doch glauben.
Es ist nicht wichtig jetzt zu sehen. Selig sind die, die nicht sehen und doch glauben!"

Maria d. C.:
"Meine Kinder! Diese meine Engelscha,. diese Engel sind eure Helfer im Kampf.[132,133] *Kämpft immer mit der Liebe, nie mit Hass, nie mit dem Stolz im Herzen. Kämpft immer mit der Liebe, nur sie wird siegen."*

M.:
"Die Muttergottes ist zwischen den Engeln. Die Muttergottes steht zwischen den Engeln, die Sie begleiten.
Und lächelt sehr einfach, ganz bescheiden. Hat aber die Sternenkrone um."

Maria d. C.:
"Mit dieser Himmelsmacht braucht ihr keine Angst zu haben. Ich weiß, dass ihr es schwer habt. Aber ihr wisst, ich habe es euch schon gelehrt, ohne Leid keinen Schritt nach vorn. Aber ich bin immer bei euch, weil ich eine liebende Mutter bin. Habt also keine Angst!
An dem letzten Tag, an dem ich hier in dieser Zeit erscheinen darf, bereitet euch im Gebet vor.

[132] C. sah große Engel mit goldenen Panzern angetan und Helmen auf. Sie hatten auch vermutlich Speere in der Hand und C. sagte, sie seien sehr gütig.
[133] M. sah auch Engel, kleine und große und dass sich deren Haare wie vom Wind bewegten. Es war jedoch windstill.

Versucht in dieser Zeit des Gebetes eure Liebe wachsen zu lassen und gebt diese Liebe an eure Mitmenschen und an uns weiter. Wir lieben euch so sehr!"

Die Botschaft vom 8. September
(außerhalb der Erscheinungstage)

Maria d. C.:

"Mein Kind, es ist wahr, es wird keinen 3. Weltkrieg geben. Gott liebt seine Kinder zu sehr. Aber Er kommt nicht umhin, Sein Strafgericht zu schicken, das heißt, dass vorher Dinge geschehen, die zur Heimholung der Seele dienen. Aber Er tut es aus Liebe.
Ich werde jetzt im einzelnen nicht darauf eingehen wie es geschieht.
Aber wenn man glaubt, vertraut und Gott liebt, braucht man sich nicht davor zu fürchten. Es ist alles im göttlichen Plan.
Ihr dürft euch dann auf die neue alte Welt freuen. Dann nämlich wird es keine Gottlosen mehr geben. Alles wird im Einklang mit den zehn Geboten sein und das Böse wird es auch eine zeitlang nicht mehr geben. Habt keine Angst!
Natürlich musste ich in Fatima drohen mit Gottes Strafen, denn sonst werdet ihr ja nicht wach. Aber durch das Gebet wird viel vermindert, verschoben oder aufgelöst. Habt also keine Angst! Gott möchte nicht eure Vernichtung.
Seine Liebe zu euch ist zu groß.
Aber Er wird alles dazu tun, dass ihr nicht verloren geht.
Ich segne dich, mein Kind."[134]

[134] Diese Botschaft wurde C. bei sich zu Hause gegeben.

Die Botschaften vom 17. Oktober

C.:
“Ich habe gestern und heute, gerade vorhin nochmal, das gesehen und zwar war das ein Kreuz, aber diesmal war es kein Leuchtkreuz, sondern da war ein Kreuz, an dem überall Blut runter lief. Aber an einigen Stellen waren Rosenranken, Blüten und Blätter und an diesen Stellen war das Kreuz wie gesund gemacht. Wo es nicht mehr geblutet hat, war es wie geheilt. Vorhin war Jesus kurz da, Er hat hinter dem Altar gestanden und hat die Hände ausgebreitet mit dem roten Mantel und hat gesagt, wir sollten keine Angst haben, Er wäre bei uns.”[135]

Maria d. C.:
“Ich liebe euch so sehr. Ich danke euch, dass ihr meinem Rufen gefolgt seid. Ich habe nämlich jeden von euch gerufen, jeden einzelnen, bewusst oder unbewusst.
Ich bin nochmals gekommen, um euch zu sagen: Bitte, bitte bleibt gehorsam, egal, was kommen mag. Bleibt im Gehorsam, denn nur so, im Gehorsam, kann sich der göttliche Plan erfüllen und mein Unbeflecktes Herz kann triumphieren.
Denkt daran, meine Kinder, bleibt immer im Gehorsam, auch wenn es euch falsch erscheinen mag, bleibt im Gehorsam. Ich bitte euch darum von ganzem Herzen.

[135] Im Pater-Pio-Haus.

Ich darf euch vom Vater sagen, es ist wahr, was Marion vorhin gehört hat. Durch das Gebet heute, an diesem Tage, geht niemand verloren, der heute stirbt."

Maria d. J.:
"Meine Kinder! Ich weiß, ich verlange viel von euch, aber der Gehorsam ist das A und O. Jesus, mein göttlicher Sohn, hat euch den Gehorsam vorgelebt. Er war gehorsam bis zum Tod am Kreuze. Das ist Gehorsam gegenüber Gott. Sich und alle Seine Wünsche denen hintenanzustellen, die Gottes Wünsche sind.
Darum bitte ich euch heute ausdrücklich um den Gehorsam."

M.:
"... heute morgen hat uns geführt: das Kreuz, dann zum Teil auch Pater Pio, Dominico Savio, der Pfarrer von Ars, Don Bosco...

Bernadette, Therese von Lisieux. Jeanne d'Arc habe ich jetzt nicht erkannt, aber es waren auch arme Seelen dabei und viele, viele Engel, auch kleine Engel und auch der Erzengel Raphael war dabei..."

Maria d. C.:
"So wie ihr vor der Pfarrkirche steht und nicht hineindürft und hineinkönnt, so stehe ich vor den Herzen meiner Kinder."[136,137]

136 M. war wieder durch das Leuchtkreuz geführt worden und sah auch viele Engel, die sie begleiteten (zur Kapelle an der Rheinstraße, außerhalb des Haupterscheinungsortes). Die Engel hielten sich gegenseitig an der Hand.

137 M.: "Die Engel heute morgen haben wie ein Himmelstor gebildet, richtig wie ein Tor und auch im Pater-Pio-Haus sah ich vom Tabernakel ausgehend ein Himmelstor, wo wir alle drunter waren, sozusagen als Schutz. Das hat mir in Gedanken bedeutet: Ihr seid geschützt.

Maria d. C.:
"Ich bin jetzt auch in der Pfarrkirche. Betet, meine Kinder, dass meine Kinder sich nicht vor mir verschließen.[138,139,140]
Meine Kinder, helft mir, dass meine Kinderschar wieder zu mir zurückkehrt. Betet viel! Betet, betet, betet! Opfert, opfert eure Leiden auf. Ich warte so sehnlichst auf meine Kinder. Ich möchte sie doch alle zu meinem Sohne führen. Ich werde alles tun, um sie zu meinem Sohne zu führen. Warum verschließen sie sich so sehr? Wir wollen doch nur das Beste für sie. Die Herzen sind so kalt geworden. Sie blocken die Liebe ab, die mein Sohn ihnen geben möchte."

Maria d. J.:
"Meine Kinder. Unsere Herzen sind so voll Trauer. Die Trauer zerreißt unser Herz, wenn wir sehen müssen, wie wenig die Liebe geliebt wird. Ihr müsst mir helfen und ich komme zu euch, ja zum letzten Mal, zwar nicht für den heutigen Tag,

[138] Deutlich hatte M. einen Gedanke bekommen und zwar, dass der Rosenkranz vorher gebetet werden sollte. Auch C. hatte es bekommen. Jesus hatte sich ihr noch kurz als Erwachsener gezeigt und auch der Hl. Geist mit Strahlen.

[139] M. wusste, dass sie zu einem Wegkreuz kommen sollten, aber noch nicht wo.

[140] Diese und die nachfolgenden Botschaften gab Maria in der Kapelle an der Rheinstraße.

aber in dieser Erscheinungsreihe. Ich komme, um euch ganz innig und voller Liebe zu bitten, alles, was ich von euch wünsche, mir zu geben. Nichts festzuhalten. Nichts, auch nicht euren eigenen Willen. Ihr müsst meinem Sohn ähnlich werden, damit ihr Ihm Trost seid. Ihr müßt euer Kreuz tragen, damit ihr den Weg geht, den Er euch vorausgegangen ist. Ihr müsst diesen Weg gehen, denn es ist der einzige Weg, der zum Himmel führt. Ich habe den Auftrag die Seelen zu meinem Sohne zurückzuführen. Diesen Auftrag muss ich ausführen und es ist auch mein Wunsch diesen Auftrag auszuführen. Ihr müsst mein Herz betrachten, wie es von Liebe voll ist und es auf euch ausstrahlen möchte. Es möchte eure Herzen mit Liebe erfüllen, damit ihr Gott liebt. Ihr müsst zum Herrn zurückkehren! Er liebt euch mit der unendlichen Liebe Seines Herzens und Er wartet in großer Sehnsucht auf die Rückkehr der Seelen. Betet, betet, betet und opfert euer Leid. Auch das kleinste eurer Leiden ist für den Himmel wertvoll, wenn ihr es aus Liebe tragt, wenn ihr es Ihm schenkt, wenn ihr sagt: 'Jesus, alles aus Liebe zu Dir'. Diese Liebe braucht der Himmel aus euren Herzen, denn Er hat euch für den Himmel geschaffen, damit ihr diese Liebe ewig lieben könnt. Lasst euch nicht verwirren! Lasst euch nicht in die Irre führen! Bleibt gehorsam dem Papst, lebt nach den Geboten Gottes und nach

den Geboten der Kirche! Wenn ihr mir bei meinem Auftrag helft, wird die Welt sich bekehren. Die Welt wird zurückkehren zum Herrn und es wird Friede sein.
Lebt die Liebe, die ich in eure Herzen gieße, damit die Menschen eure Liebe sehen. Denn nur durch die gelebte Liebe und durch die gelebten Gebote Gottes könnt ihr heute diese harten Herzen noch erreichen. Worte kommen nicht mehr durch. Liebt, meine Kinder, Gott und die Menschen!"[141]
M.:
"Die Erdkugel und die hat erst geleuchtet, also nur die Erdkugel, klein, nicht sehr groß.[142] Und dann war sie ganz hell erleuchtet und um die Erdkugel herum waren grüne Zweige und Blätter. Über der Erdkugel war dann zum Schluss ein leuchtendes Kreuz."
..."Als Sie die Botschaft schmerzhaft gegeben hat, da hat mich eine unheimliche Trauer überkommen und das Antlitz Jesu habe ich gesehen, wie Er am Kreuz hing. Aber gleich darauf gingen ganz viele Gebete wie Blumen hoch zu Ihm. Die Blumen - hat Sie mir in Gedanken signalisiert -

[141] C. sah Maria mit schwarzem Schleier, aber weißem Gewand (Zeichen Ihrer Trauer) und mit Dolchen in Ihrem Herzen. Ihre Traurigkeit konnte C. mitfühlen.
[142] Auf die Frage, was sie gesehen hat.

sind Gebete und zwei kleine Engel haben sie aufgefangen neben dem Antlitz Jesu, zwei Engel. Das hat mich sehr gefreut, das war ein sehr schönes Bild mit den Engeln. Und auch die grünen Zweige um das Antlitz Jesu.[143,144,145]

Maria d. M.:
"Dort werden mich mehrere Menschen unabhängig voneinander sehen. Ja. Die sich gegenseitig nicht kennen und auch euch zum Teil nicht kennen. Aber nicht alle sagen es."

C.:
"Ich sehe kurz die Marpinger Pfarrkirche. Da ist gerade die Wandlung. Schon fast am Schluss.
Er sagt, dass Er durch Seine Braut sprechen möchte."

M.:
"Ich höre; Christus vincit, Christus regnat, Christus imperat. ... Ich weiß nicht, ich sehe nicht und auch nicht direkt eine Stimme, mehr ein Gedanke."

143 Maria hatte M. noch gesagt, dass man mehr zu Ihr kommen soll.

144 Maria hatte Ihren Mantel weit geöffnet, wie M. auch sah. Ein Zeichen Ihres Schutzes! Wie eine Einladung: Kommt unter meinen Mantel.

145 Dann sagte M. Sie gehe jetzt zur Pfarrkirche.

Jesus d. J.:
"Meine Kinder! Da ich meine Mutter nun in die Pfarrkirche geschickt habe, komme ich selber zu euch. Ich habe euch schon gesagt, dass sich mein Herz nach eurer Liebe sehnt. Ich möchte euer König sein, euer König der Liebe und Barmherzigkeit. Ich möchte, dass ihr mich in Ehrfurcht liebt. Ich möchte, dass ihr mich in Ehrfurcht empfangt. Ich möchte, dass ihr mich anbetet und diese Anbetung soll geschehen mit einem großen Akt der Liebe. Mein Herz ist das Zeichen der Liebe, das ich schon geoffenbart habe durch meine Braut Maria Magareta Alacoque. Die Verehrung meines Herzens ist ein Weg zu mir. Ein weiterer Weg ist die Verehrung des Unbefleckten Herzens meiner Mutter, was aber nicht an meinem Herzen vorbeigeht, sondern meine Mutter führt alle Menschen zu mir und ich komme, um euch zu sagen, wie groß zum einen meine Freude darüber ist, wie viele Menschen mich lieben, aber es sind nicht alle und deswegen ist mein Herz noch traurig. Mein Herz möchte euch alle und damit die ganze Welt überfluten von der Liebe, die in meinem Herzen wohnt. Es ist die Liebe, die ausgeht vom Vater, es ist die Liebe, die ausgesandt wird vom Hl. Geist. Es ist die Liebe, die zwischen uns gegenwärtig ist. Ihr seid in diese Liebe einbezogen. Ihr seid ein Teil dieser Liebe, weil der Vater und ich und der

Hl. Geist euch geschaffen haben, um uns zu lieben. Liebt mich! Liebt den Vater, liebt den Hl. Geist! Verehrt Ihn, denn Er ist dazu bestimmt euch den Weg zu weisen in dieser verworrenen Zeit, mir und meiner Kirche treu zu bleiben. Ihr müsst wachsam sein! Ihr müsst mit offenen Herzen und mit kindlicher Liebe mich anbeten. Wer mich liebt und wer mich anbetet und wer meinem Stellvertreter auf dieser Welt gehorsam ist, wird immer ein Glied meiner Kirche sein. Diese Kirche habe ich gegründet, um euch und allen Menschen die Möglichkeit zu schenken, mit meinen Gnaden, die ich euch vom Kreuz verdient habe, gerettet zu werden. Ihr seid nicht für das Verderben bestimmt. Ihr seid für den Himmel bestimmt. Jeder Mensch, der in die Hölle kommt, will es selbst, denn Gott verdammt niemanden. Und darum bitte ich euch, und ich habe euch schon oft gebeten durch meine Mutter, die ich zu euch gesandt habe: Kehrt um! Macht ernst mit eurem Glauben! Lasst ihn nicht einfach schleifen und denken: Im letzten Augenblick wird es mir schon gelingen. Der Widersacher schläft nicht. Er schläft nicht und er ist bemüht, viele Seelen ins Verderben zu stürzen. Meine Mutter hat es euch in Fatima schon gesagt, dass viele Seelen in die Hölle kommen, weil niemand für sie betet. Drum betet ihr und helft meiner Mutter und mir, dass alle Menschen zurückkehren zu dem, für was sie geschaffen sind. Zu der ewigen Anbetung Gottes im Himmel. Opfert eure Leiden mit meinem Leid und wenn es euch schwer wird, blickt auf das Kreuz, denn da habe ich aus Liebe zu euch gelitten. Tragt euer Kreuz und folgt mir nach! Denn nur so könnt ihr meine Jünger sein."

Jesus d. M.:
"Ich habe schon durch so viele Menschen gesprochen. Bitte nehmt meine Bitten ernst. Lourdes, Fatima sehe ich jetzt, als würde ich zurückgehen. Es sind nur zwei, die ich nenne. Ich hatte meine Mutter geschickt. Jetzt komme ich selbst, wie ich auch in anderen Orten schon selbst gekommen bin und komme."

Maria d. C.:
"Ich habe meine Sendung hier in Marpingen beendet. Dennoch werde ich heute noch einmal kommen.
Ich lasse euch aber nicht allein. Ich bin immer anwesend. Ich bin immer da in Marpingen. Auch spürbar für bestimmte Menschen. Ich bin immer da, ich werde nicht gehen und warte jeden Tag, dass ihr zu mir kommt.
In einer späteren Zeit, wenn mein Unbeflecktes Herz triumphiert hat, dann werden mich viele wieder in Marpingen sehen. Dann werde ich auch wieder sprechen zu meinen Kindern. Das aber ist

in einer späteren Zeit.
In dieser späteren Zeit werden alle Herzen geöffnet sein, jeder wird mich hören können. Gott wird wieder ganz unter den Menschen sein. Habt also keine Angst, meine Kinder! Euer Ziel ist diese Zeit, von der ich sprach und die kommen wird. Dieses Versprechen gebe ich euch."

Maria d. M.:
" Ich gebe aber keine Daten, denn die stehen nur dem Allmächtigen zu, zu wissen. Vertraut! Er wird in der Welt siegen und es wird eine Zeit anbrechen, die viel schöner ist, als alles je zuvor, voll Vertrauen auf Gott! Ich gebe keine Daten, denn auch ich kann nicht sagen, wann es kommt. Das weiß nur Gott allein in Seiner Allmacht und Er entscheidet."[146]

Maria d. C.:
"Habt keine Angst, meine Kinder! Habt keine Angst! Ich gebe euch allen, allen meinen Kindern, das Versprechen wieder und wieder, dass ich immer bei euch bin. Glaubt es und vertraut darauf!

146 M. erklärte nach der Ekstase, es sei, als wenn man von einer Narkose wieder erwacht.

Außerdem wünsche ich, dass nicht spekuliert wird, über diese Zeit, von der ich eben sprach. Ihr könnt noch soviel rechnen, ihr werdet es nicht erraten. Betet lieber!
Kommt meinem Wunsch nach, verinnerlicht alles, was ich hier sagen durfte und lebt danach und vertut eure Zeit nicht mit Rechnerei oder Spekulation!
Lebt die Liebe, dann liebt ihr Gott!"

M.:
"Ich musste diesmal mitmachen, wie die Engel beteten. Das habe ich gesehen: Erst Jesus kommen und dann das Kreuz hinter Ihm und dann die Engel, wie die beten. Und dann habe ich die Augen ja zugemacht und trotzdem bildlich gesehen, was Er macht.[147]

Ich musste leider auch sehen, was der Widersacher macht. Er lästert und versucht Kriege anzuzetteln, allgemeiner Art und lacht, wenn man Gott anbetet. Das hat mich ein bischen geschockt, dass ich ihn sehe.[148]

147 Sie sagte noch, dass zwei Engel Jesus begleitet haben und vor Ihm knieten und sich tief verneigten. Still haben sie Jesus umgeben.

148 Es sind die Kriege unter uns gemeint, das Gegeneinander.

Und ich sah ein Symbol in Seiner, also Jesus Gestalt[149], der Widersacher, da war ich ein bisschen erschrocken kurz, aber Jesus war in der Nähe. Das hat mir den Gedanken gegeben, dass viele in Jesu Name Falsches verkünden. So war der Gedanke, der kam.
Ich hatte trotzdem den Frieden, weil Er dabei war.
Und dann sah ich ein leuchtendes Kreuz, das alles gesprengt hat. Die mussten also weg, wie "haut ab" sozusagen. Ich bin stärker als du.
Erscheinen tut Sie nur noch einmal und da sollen wir wirklich zu den Leuten gehen, sagt Sie jetzt. Aber wir sollen jetzt zu einem Wegkreuz, dort möchte Sie aber nur sprechen, aber nicht erscheinen."

Maria d. M.:
"Ich spreche zu dieser Botschaft[150] *an dem Wegkreuz*[151]*, habt doch Geduld! Seid doch nicht so neugierig!"*

[149] Ein Zeichen, dass er auch die Gläubigen irreführen will, aber wer sich an die Weisungen, die wir in den Botschaften erhalten, hält, kann nicht irregehen.
[150] In die Unterhaltung der Seherinnen, wann die Zeit, in der Maria sprechen wollte, sein könnte, griff die Mutter mit den Worten ein.
[151] Zu dem die Seherinnen geführt wurden, durch jemanden, der wusste, welches Sie meinte und durch innere Bilder.

Maria d. M.:
"Meine Erscheinungen in der Welt, wie sie im Moment sind, werden bald enden. Dann werden die Menschen mich vorläufig nicht sehen. Doch führe ich sie über Gedanken oder vielleicht über Einsprachen, das liegt in Gottes Hand. Das kann ich noch nicht sagen. Die neue Zeit[152]*, von der ich sprach, kommt erst sehr sehr viel später, weil man im Himmel die Zeit ganz anders misst, als auf der Erde. Es wird jetzt ein Zeitperiode geben, wo die Menschen, nachdem meine Erscheinungen, die ich im Moment noch fortfahre, in der ganzen Welt enden, wo die Menschen sich entscheiden müssen, für oder gegen Gott. Später kommt eine Zeit, wo sie sich entschieden haben, und dann, dann wird man alles mit offenen Augen sehen, viel, viel später. Es sind viele Zeiten."*

Maria d. C.:
"Und jetzt möchte ich euch sagen, warum ich euch hierher geführt habe[153]*. Betrachtet das Kreuz!*

152 M. erhielt den Hinweis auf die Bibelstelle Apk. 20 dazu

153 Zu einem Wegkreuz.

M. hatte die Bestätigung, dass sie sich richtig führen lassen hatten, durch das Lichtkreuz. (Nur kurz!) Wir müssen daran denken, dass all diese Zeichen eine Gnade darstellen, die jedoch für die Allgemeinheit, nicht nur für die Seherinnen, gewährt wurde.

Wieviele Kreuze habt ihr gesehen, als ich euch hierher geführt habe?[154]
Habt ihr bei einem der Kreuze jemanden stehen und beten sehen?
Habt ihr einen gesehen, der kurz anhält, und zu meinem Sohn geht und betet?
Nein, sie lassen Ihn allein. Sie lassen Ihn ganz allein.
Sie nehmen die Kreuze noch nicht einmal wahr!
Könnt ihr nun ermessen, wie wichtig euer Gebet ist, damit sich die Herzen öffnen. Betrachtet das Kreuz, meine Kinder!
Ich spreche jetzt durch Judith weiter."

Maria d. J.:
"Wieviele Wegkreuze hat man schon weggeräumt. Es ist ein Zeichen, dass die Menschen sich von Gott entfernt haben. Es ist ein Zeichen, dass die Menschen sich eine Welt aufgebaut haben ohne Gott. Es ist ein schlechtes Zeichen, denn so wird die Welt verlorengehen. Aber ich habe euch die Heilmittel dazu schon genannt und ich bitte euch, dass ihr als erste euch danach richtet und durch euer Gebet werde ich die Möglichkeit und die Kraft und die Macht haben vom Vater die Bekehrung der Welt zu erflehen.
Ich knie vor jedem Wegkreuz. Ich bete Ihn an. Ich liebe Ihn für euch, damit Er nicht so alleine ist.

[154] mehreren Wegkreuzen waren sie unterwegs begenet.

Aber nichtsdestotrotz wünsche ich und ich flehe euch heute an, kehrt zurück zu meinem Sohn! Grüßt Ihn, wenn ihr an einem Kreuz vorbeifahrt. Schenkt Ihm euer Herz! Erhebt euer Herz und haltet es Ihm entgegen! Das gleiche tut, wenn ihr an einer Kirche vorbeifahrt, in der Er oft so allein ist und auf euch wartet. Er liebt euch so sehr und mit jedem Kreuz erinnert Er euch daran, was Er für euch getan hat. Drum betrachtet Sein Leiden, denn Er hat es gelitten, um eure Seelen zu retten, um euch den Weg zu bahnen und zu öffnen für den Himmel.Er hat euch den Himmel aufgeschlossen mir dem Tragen Seines Kreuzes und mit dem Tod am Kreuz. Darum haben früher viele Menschen Kreuze aufgerichtet, damit sie immer daran dachten, was Jesus, mein Sohn, für euch getan hat. Schmückt auch die Wegkreuze mit Blumen! Ehrt so meinen göttlichen Sohn!

Maria d. M.:
"Ich erscheine diesmal nicht visuell, weil ich euch das Kreuz meines Sohnes zeigen möchte. Schaut auf Ihn, denn ich möchte auf Ihn hinweisen, nicht auf mich.[155] *Ich bin nur die Mittlerin, Er aber ist Gott. Ich bete nur mit euch, Er aber ist Gott."*

155 Hier verdeutlicht sich der Grund Ihrer Erscheinungen und Botschaften.

C.:
“Sie hat vorhin gesagt, dass wir das Gebet, was Sie uns geschenkt ha,t noch einmal beten sollen, gemeinsam, hier vor dem Kreuz und dann wünscht Sie, dass wir einen Ort aufsuchen, wo wir uns ausruhen können, weil die letzte Erscheinung uns sehr viel Kraft kosten wird und da brauchen wir etwas Ruhe, bevor Sie das letzte Mal erscheint.[156] Und das wird im heiligen Bereich sein, die letzte Erscheinung.[157]”

Maria d. M.:
“Meine Kinder! Uns freut, wenn ihr betet. Betet weiter, meine Kinder![158,159]*”*

M.:
“Ja, und zwischendurch singen. Die alten Lieder und auch die neuen, die die Jugendgruppe so schön spielt. Beides, alte und neue Lieder, weiterbeten.”

[156] Geistige Erlebnisse kosten dem Menschen viel Kraft und können ihn leicht überfordern.

[157] am eigentlichen Erscheinungsort.

[158] während des Rosenkranzes.

[159] C. und M. sahen den Hl. Geist als Taube wieder über der anwesenden Menschenmenge, jedoch diesmal mit einer goldenen Krone über Ihr, in deren Mitte ein Dreieck zu sehen war.

Maria d. M.:
"Es freut uns sehr, wenn ihr betet und singt. Es freut uns so sehr, wenn ihr betet und singt."

M.:
"Zuerst war die Taube hier, jetzt ist auch die Muttergottes hier mit einem blauen Mantel, weißem Gewand, Sternenkrone, umstrahlt vom Licht, wunderschön. Umgeben von lauter vielen Engeln. Wie ein Kranz gehen die um Sie herum, wie ein Himmelstor."

Maria d. C.:
"Meine Kinder, ich freue mich so sehr und mein göttlicher Sohn auch. Ihr erfreut unsere Herzen mit eurem Gebet. Betet und freut euch, dass der Herr sich euch offenbart hat.
Ich möchte, dass ihr mit Freude nach Hause geht. Eure Herzen sollen voller Freude sein. Und diese Freude, gebt sie weiter an alle, die euch begenen. Reicht jedem die Hand und gebt eure Freude weiter und die Liebe, die ihr in euren Herzen tragt!
Verkündet überall auf der ganzen Welt, dass ich, eure himmlische Mutter, immer bei euch bin und euch nie verlasse... und dass ich meine Versprechen halte. Verkündet allen Völkern, dass Gott euch liebt mit all euren Schwächen und Fehlern. Er liebt euch, kommt zu Ihm! Er wartet auf euch und freut sich über jeden, der zurück zu

Ihm kommt.
Verkündet es! Verkündet es in aller Welt:
Wir lieben euch!!

Maria d. M.:
"Der Glaube macht die Menschen frei, er macht sie voller Freude. Er macht sie frei. Nichts in der Welt kann sie so frei machen, wie der Glaube, der Glaube an Jesus Christus, unseren Herrn und Gott.[160]*"*

C.:
"Oh, ist das schön, ist das schön!![161]
Da ist die Taube und darüber ist das grüne Geflecht und da sind die Engel und das dreht sich alles. Es ist wunderschön! Alles voller Freude und Liebe, sowas habe ich noch nicht gesehen. Also, sowas habe ich noch nie gesehen - so was Schönes - voller Freude und Glück - unglaublich. Als würden alle Herzen springen vor Freude im Himmel... es ist unglaublich."

M.:
"Wenn das so schön ist, was ich jetzt sehe, wenn man stirbt, braucht kein Mensch den Tod zu fürchten, dann wird er seine Schrecken verlieren, glaubt an Jesus! Glaubt! Dann wird der Tod

160 Die Botschaften wurden vor der Kapelle gegeben.

161 Hier begann sich C. und M. der Himmel geöffnet zu zeigen.

seine Schrecken verlieren."

C.:
"Es ist alles voller Freude,... wenn das doch nur alle sehen könnten. Das ist so voller Freude, ein Gefühl in mir - ich könnt zerspringen, so schön ist das. Alles, was heute morgen voll Trauer war, als Sie kam und so traurig war, das ist alles weg,... Sie wollen diese Freude mit uns teilen, das ist so schön - der ganze Himmel, so was habe ich noch nicht gesehen."

M.:
"Man braucht keine Angst vor dem Tod zu haben. Das ist so schön! Das ist so schön!
Und Er wartet auf uns. Wir brauchen nichts zu fürchten, wir müssen alles nur Ihm in die Hand legen, wir brauchen nichts zu fürchten.[162]"

C.:
"Es war da eine große goldene Krone, in der Mitte ein leuchtendes Dreieck, darunter das allerheiligste Herz Jesus. Die Muttergottes, ganz klein darunter, mit ganz vielen Engeln das ganze Bild umgeben und über dem Ganzen schwebt die Taube: wunderschön!

162 M stimmte, wie automatisch, in ihrem Herzen mit dem Himmel den Lobpreis an.

Und alles strahlte, alles strahlte auf die Menschen.[163,164]"

Maria d. C.:
"Verkündet es in aller Welt: Wir lieben euch![165]"

Maria d. J.:
"Meine Kinder, mit diesen Bildern, die Marion und Christine beschrieben haben, möchte ich euch einen Einblick geben, wie wunderschön es im Himmel ist. Durch Marion habe ich ja schon gesagt, dass man keine Angst zu haben braucht vor dem Tod. Der Tod ist nur ein Übergang, ein Hinübergehen, ein Durchgehen durch einen Vorhang, um in das ewige Leben, in die ewige Glückseligkeit zu gelangen.
Meine Kinder! Lebt das, was ich euch hier gesagt habe! Lebt es, verwirklicht es in eurem Leben und

163 J. hat diese Bild gleichfalls mit dem Herzen gesehen, jedoch zusätzlich neben dem Heiligsten Herzen Jesu die Zeichen der Hl. Eucharistie: Hostie und Kelch.

164 M.: "Und ich konnte nachher nicht sprechen. Ich habe immer wieder nur gebetet. Ich konnte aber nicht sagen - nicht aussprechen, was ich sehe."

165 C.: "Es ist eine unglaubliche Freude im Himmel, also das Himmelsvolk schaut wirklich auf uns, auf diesen kleinen Ort runter, das ist wirklich wahr und der Himmel ist richtig auf."

helft allen Menschen, die neben euch gehen, dass sie den gleichen Weg gehen. Holt sie da ab, wo sie stehen! Verurteilt niemanden! Alle Menschen werden von Gott geliebt und so müsst auch ihr alle Menschen lieben.

Verwirklicht meine Worte, die ich euch in Marpingen gegeben habe in eurem Leben. Dann lebt ihr so, wie Gott es von euch will. Dann lebt ihr so, dass ihr in die ewige Glückseligkeit eingehen könnt. Ihr braucht vor dem Tod, wenn ihr nach Gottes Geboten gelebt habt, keine Angst zu haben. Der Himmel ist der Lohn für euren Kampf und euer Leben ist ein Kampf. Ihr dürft nicht mutlos werden und auch nicht aufhören zu kämpfen und zu sagen, es hat doch alles keinen Sinn! Ihr müsst kämpfen. Ich habe gesagt, dass ich immer bei euch bin, dass ich euch in meinem Unbefleckten Herzen trage und dass ich eure Anliegen, auch die, die ihr heute alle mit hierhergebracht habt, vor Gottes Thron bringe. Ich kann nur diese Wünsche erfüllen, die im Plan des Vaters sind. Ich werde heute sehr viele Gnaden ausstreuen dürfen. Ich werde auch Kranke heilen an Leib und an Seele. Ich werde aber auch all denen, die nicht geheilt werden können, die Kraft geben, ihr Kreuz aus Liebe zu tragen, damit es für die Welt verdienstlicht wird, d.h. damit ihr mir dadurch helft, die Welt für Gott zurückzuerobern, damit alle Menschen den

Himmel so sehen, wie Marion und Christine ihn beschrieben haben. Der Himmel ist die ewige Glückseligkeit und nicht ein Phantasiegebilde, das sich manche Menschen einzubilden scheinen. Es gibt einen Himmel und es gibt eine Hölle, nur die Entscheidung, wo jeder einmal in Ewigkeit sein will, trifft jeder Mensch selbst. Gott verdammt niemanden. Das macht der Mensch selbst, indem er Gott nicht liebt. Drum bitt ich euch heute noch einmal: Erfüllt meine Bitten, folgt der Lehre der Kirche, seid treu dem Papst, lebt die Gebote Gottes, seid Kind, demütig, schlicht und klein und lasst euch von mir, eurer himmlischen Mutter, führen, denn ich habe nur einen Wunsch und nur ein Ziel, euch in die ewige Glückseligkeit zu meinem Sohn Jesus und zu Gott, dem Herrn, zu führen. Ich liebe euch, meine Kinder, und ich sage es euch heute noch einmal, denn ich wede ja heute hier zum letzten Mal erscheinen in dieser Zeit. Habt aber keine Angst, ich bin immer bei euch, denn Jesus hat mich unter dem Kreuz euch zur Mutter geschenkt und was Mutter sein heisst, werdet ihr erfahren, wenn ihr meine Hand nehmt und euch von mir führen lasst. Mein Sohn Jesus und auch ich, wir lieben euch sehr. Vergesst es bitte nie in all eurem Leid. Immer daran denken, wir lieben euch! Wir lieben euch sehr![166]"

166 M. sah, dass Maria beim Verschwinden gewunken hat.